Icons 知人

胶囊式传记 记取一个天才的灵魂

CONSTANTIN BRANCUSI

SANDA MILLER

康斯坦丁·布朗库西

〔英〕桑达·米勒 著　张磊 译

上海文艺出版社

献给朱莉娅

目录

引言　　　　　　　　　　　001

1　童年　　　　　　　　　009

2　克拉约瓦与学徒时代　　019

3　布加勒斯特与美术学院　029

4　巴黎　　　　　　　　　041

5　龙桑小巷工作室　　　　081

6　工作与友谊　　　　　　107

7　特尔古日乌　　　　　　139

8 最后的作品,最后的

　朋友,遗产　　　　　157

精选参考文献　　　　　169
致谢　　　　　　　　　173

引言

作为20世纪重要的艺术家,康斯坦丁·布朗库西一直以来不太引人注目。最先想到的原因有两个。一和他的身世有关。19世纪的最后25年,布朗库西出生并成长在罗马尼亚。尽管西方世界的现代化进程影响深远,罗马尼亚却还是个大农村,贫弱交加,在外人眼中不啻为巴尔干半岛上吸血鬼和狼人出没的一片凄凉闭塞之地。第二个原因则更有趣。布朗库西定居巴黎后,利用了人们对罗马尼亚国家和人民的普遍误解和偏见。他很快发现,传说比真相更能迎合大众的想象,便在位于蒙帕纳斯中心著名的白色**工作室**里,给自己着实编织和笼罩出一派"他者"气质。他的做法效果显著,令彼得·内亚戈耶(Peter Neagoe)写出了一部颇具传奇色彩的传记,并用书名尊称他为《蒙帕纳斯的圣徒》(*The Saint of Montparnasse*)。内亚戈耶于1960年去世,5年后这本传记才得以问世，给布朗库西的传奇作了永久性定格。[1]

可后来，随着档案资料的不断涌现，最近的一些 2003 年[2]才公诸于世，推翻了布朗库西刻板的圣徒形象，还原出更丰富的面貌：他实际上深受时代影响，作品深刻反映了两次世界大战以及种族大屠杀所造成的多舛的欧洲历史，摄人心魄，魅力长存。

欧洲和美国顶级博物馆都展出了布朗库西的**作品**，其中一些如《波嘉尼小姐》（*Mlle Pogany*），获得了圣像般的地位。他的工作室在巴黎得到重建，成为位于博堡区的蓬皮杜艺术中心的一部分，对此，知道的人也许不多。"布朗库西工作室"浓缩了布朗库西的生平和创作，见证了他的永恒传奇，是名副其实的**艺术综合体**。在蒙帕纳斯度过的岁月里，他以工作室为舞台，详尽阐释了"他者性"（otherness），令观众意乱神迷。这些观众里有商人、收藏家、朋友、恋人、作家、批评家，还有聚拢在布朗库西身边的形形色色的追随者。一些拜访过布朗库西的人提供了珍贵佐证。比如 1950 年代，剧作家欧仁·尤内斯库

---

[1] 彼得·内亚戈耶，《蒙帕纳斯的圣徒（基于康斯坦丁·布朗库西生平的小说）》，纽约，1965。
[2] 参见《遇见布朗库西（绘画和档案）》（*La Dation Brancusi（dessins et archives）*）。这是一本 2003 年的目录，由马里耶勒·塔巴尔（Marielle Tabart）和多依娜·莱姆尼（Doina Lemny）为同年在巴黎蓬皮杜艺术中心国家艺术文化中心（CNAC）举办的展览而发表。1956 年，布朗库西将自己位于龙桑小巷的 5 个工作室，他捐其中的所有物品，都捐给了法国政府，条件是法国政府能保留这些遗赠，并将其纳入国家现代艺术博物馆，以"布朗库西工作室"之名向公众开放。更多详情见第八章末尾。

(Eugène Ionesco)接到了拜访布朗库西的邀请。尤内斯库不无讽刺地表示,自己对"这种怪人"不感兴趣,但还是在一个寒冷的冬夜应邀前往。彼时,画家亚历山大·伊斯特拉蒂(Alexander Istrati)正陪他坐在火炉旁等,门开了,布朗库西走进来,那是"一个80岁上下的小老头,拿着手杖,头戴毛茸茸的白色软帽,蓄着宗主式的白胡须","狡黠的眼睛闪闪发光"。他明白来客是谁,却假装不知,问尤内斯库"是做什么的"。伊斯特拉蒂解释说,尤内斯库"是剧作家,写舞台剧"。布朗库西却说:"我嘛,我不喜欢戏剧,我不需要戏剧,**去他妈的戏剧**。"没想到两人意趣相投,尤内斯库立刻答道:"我也讨厌戏剧,**去他妈**的戏剧。所以我才写剧本玩弄它。就这么回事。"布朗库西特别喜欢抬杠,于是漫不经心地啰唆一通,说希特勒(Hitler)是被埋没的英雄,说雅利安主义,又说他痛恨纳粹主义,痛恨民主政治,痛恨布尔什维主义,痛恨反共思潮,痛恨科学,痛恨现代主义,痛恨反现代主义思潮等等。尤内斯库却始终保持沉默。布朗库西觉得无趣,走了,几分钟后又回来了,手里多了一瓶香槟。[1]

布朗库西对批评家深恶痛绝。1921年,埃兹拉·庞德(Ezra Pound)[时任《小评论》(*The Little Review*)编辑]

---

[1] 欧仁·尤内斯库,"欧仁·尤内斯库"(Eugène Ionesco),《袖珍博物馆手册》(*Cahiers du musée de poche*),1959年12月。

主动请缨写一本关于他的书，遭到拒绝。[1] 当然，如果评论家是年轻漂亮的女性，他也会破例。比如1922年，记者珍妮·罗伯特·福斯特（Jeanne Robert Foster）在《名利场》(*Vanity Fair*) 杂志上发表了一篇文章，拐弯抹角地恭维他，说他是"德高望重的农牧神"（他当时尚不到50岁）。福斯特是这样描写他的："翩翩君子，个性鲜明，肩膀宽阔，卷曲的黑发覆盖高尚的头颅，黑色的胡须中夹杂着缕缕白丝，举止轻盈，明眸善睐，仿佛一位德高望重的农牧神。"[2]

布朗库西原则上反对出版任何关于他的文字，这也就能解释为什么他在世时几乎没有关于他的法语著作付梓，只有他的罗马尼亚朋友V.G. 帕莱奥洛格（V. G. Paleolog）在1947年出版了一本书，但鲜为人知。帕莱奥洛格是自费出版，只印了375册。[3] 虽然两人早在1910年就认识[4]，

---

1 多依娜·莱姆尼，"美国人在巴黎"（Les Américans à Paris），《遇见布朗库西》，第195页。
2 珍妮·罗伯特·福斯特，"康斯坦丁·布朗库西：其人与至臻于至善的雕刻艺术形式"（Constantin Brancusi: A Note on the Man and the Formal Perfection of his Carvings），《名利场》，1922年5月，第6—8页。
3 《康斯坦丁·布朗库西》（*Constantin Brancusi*），雅西，2005一书中，多依娜·莱姆尼列出了布朗库西在世时V.G. 帕莱奥洛格发表的三本书：《C. 布朗库西（之二）》（*A doua cart despre C. Brancusi*），克拉约瓦，1944；《C. 布朗库西作品介绍》（*Brancusi: Introducere la cunostiina operei lui C. Brancusi*），克拉约瓦，1944；《康斯坦丁·布朗库西》（*Constantin Brancusi*），布加勒斯特，1947。
4 1978年，V.G. 帕莱奥洛格尚且健在，我在克拉约瓦与他会面，他特许我阅读《布朗库西-布朗库西》（*Brancusi-Brancusi*）第二卷的草稿（未曾出版，第一卷于1976年在克拉约瓦出版），我做了必要的记录。这卷草稿的第一章题为"初会布朗库西"，描述了帕莱奥洛格1910年第一次拜访布朗库西工作室的情形，草稿，第3—46页。

但该书对布朗库西身世的介绍却相当古怪：

> 布朗库西出生于农家贵族，从种族上说，最大程度地避免了异族基因渗透……除了《祈祷者》（*The Prayer*）和《地球的智慧》（*The Wisdom of the Earth*）两件**力作**之外，很难说他的作品融入罗马尼亚的艺术主脉。[1]

早在布朗库西的名声尚且局限于先锋艺术圈时，罗马尼亚贵族女诗人、巴黎社会名流玛丽·本杰斯库（Marie Bengesco）就对他的雕塑作品作过有趣的描述。1919年在巴黎出版的《图说罗马尼亚》（*La Roumanie en images*）一书中，本杰斯库以文化为主题贡献了名为"罗马尼亚的艺术"（L'Art en Roumanie）的一章。她敏锐地洞悉了布朗库西的艺术之路："布朗库西最初将自己设定为彻底的现实主义者，现在认为这些现代技法已是强弩之末，果断放弃，转而用原始艺术表达新鲜事物。"[2]

布朗库西不愿让朋友写关于他的文字，就连曼·雷（Man Ray）教给他摄影基本技法后，也不愿向朋友提供他给自己雕塑作品拍摄的照片。因此，1957年他去世时，只有一本关于他的专著当即出版，作者是英国建筑师大卫·

---

[1] V. G. 帕莱奥洛格，《康斯坦丁·布朗库西》，布加勒斯特，1947。
[2] 玛丽·本杰斯库，"罗马尼亚的艺术"，《图说罗马尼亚》，巴黎，1919，第33页。

刘易斯（David Lewis）。[1]

同年，《艺术手册》（Cahiers d'art）编辑克里斯蒂安·泽尔沃斯（Christian Zervos）便向布朗库西致敬，感人至深。敬辞作者包括让·阿尔普（Jean Alp）、朱利奥·卡洛·阿尔甘（Giulio Carlo Argan）、卡萝拉·吉迪恩-韦尔克（Carola Giedion-Welcker）、佩吉·古根海姆（Peggy Guggenheim）、赫伯特·里德（Herbert Read）、约翰·罗森斯坦（John Rothenstein）及 J. J. 斯威尼（J. J. Sweeney），足见国际艺术界对布朗库西的崇高敬意。[2] 值得一提的是，赫伯特·里德写了一则讣告，发表在《听众》（The Listener）杂志上，引得道格拉斯·库珀（Douglas Cooper）对其严词驳斥，指责他有不实之处。里德认为布朗库西的雕塑作品质量良莠不齐，《波嘉尼小姐》尤让他心怀芥蒂，因为这件作品——

> 太工于心计，太着痕迹，远不够简洁……《波嘉尼小姐》有好几个版本，完工于1913至1931年之间，我所说的心计的成分逐渐减少，但即便是最终版本也浮现着机巧的痕迹，算不上他最成功的作品。[3]

---

[1] 大卫·刘易斯，《康斯坦丁·布朗库西》（Constantin Brancusi），伦敦，1957。
[2] 克里斯蒂安·泽尔沃斯，《康斯坦丁·布朗库西（雕塑、油画、壁画、素描）》（Constantin Brancusi（sculptures, peintures, fresques, dessins））,巴黎，1957。
[3] 赫伯特·里德，"康斯坦丁·布朗库西，1876—1957"（Constantin Brancusi, 1876—1957），《听众》，1957年4月4日，第555页。

1959年，卡萝拉·吉迪恩-韦尔克发表了一本关于布朗库西的专著。[1] 1963年，约内尔·日亚努（Jonel Jianou）的著作以法语和英语两个版本问世[2]，他在其中作了一个统计："关于布朗库西的著作有7本，研究文章、大事年表、敬辞、展览、证词有300多例，他已经成为20世纪最有影响力的艺术家之一。"[3] 布朗库西差不多一直有个习惯，喜欢随手记下心中所想，其中一些随笔散见报端，直到2003年，《遇见布朗库西2001（绘画和档案）》（*La Dation Brancusi 2001（Dessin et archives）*）的展出目录得以出版，他的随笔才现出全貌。其中一章题为"布朗库西：写作游戏"，收录了200多则从布朗库西的手写随笔中整理出来的手记。[4] 其中一则大致写于1919年，内容比蹩脚的法语更让人心酸：

> 我哭了——我的灵魂世界太美丽，我的心把自己撕碎了，身边空无一人——空无一人。[5]

---

[1] 卡萝拉·吉迪恩-韦尔克，《康斯坦丁·布朗库西》（*Constantin Brancusi*），纳沙泰尔，1959。
[2] 约内尔·日亚努，《康斯坦丁·布朗库西》（*Constantin Brancusi*），巴黎，1963，英文版，伦敦，1963。
[3] 约内尔·日亚努，《康斯坦丁·布朗库西》，第73页。
[4] 参见多伊娜·莱姆尼，"写作游戏"（Le Jeu de l'écrit），《遇见布朗库西》，第87页。
[5] 亚历山大·伊斯特拉蒂，纳塔利娅·杜米特雷斯库（Natalia Dumitresco），《布朗库西》（*Brancusi*），巴黎，1986，第121页。

但这只不过是画面的一角,翻过这一页似乎就换了一个人:交游广阔,心胸宽广,意趣盎然,善食好饮,寻欢作乐,追逐爱情……爱好之广泛令人叹为观止。布朗库西留下的和朋友、情人、商人、收藏家间的大量私人信件,直到最近才得以公开,妙趣横生、热情洋溢的文字记录了那间白色工作室里举办的田园诗般的盛宴,这些都是布朗库西全景面貌的佐证。

当然,最宝贵的证据还是布朗库西的雕塑作品:缄默的遗产。布朗库西亲口说过,只有用心观赏,它们才会向你敞开胸怀:"观看,才能理解。最接近神的人才会理解。"

1 童年

1876年2月21日,布朗库西在霍比塔出生,注定前路坎坷。[1] 霍比塔是瓦拉几亚西部的一个小村庄,默默无闻,民生凋敝,19世纪末期的罗马尼亚乡村大多如此。农田和森林是罗马尼亚国土的主要组成部分,因此,"从一家到另一家,要经过宽阔的庭院,与庭院毗邻的畜厩,有时还隔着广袤的田野,房屋鳞次的村庄……并不存在"。房屋内部,"所有陈设都异常简陋"。夏季的夜晚,乡下人露天而卧,或是睡在田里,方便照看牛群羊群,或是睡在门廊下(门廊即敞开的凉廊,与房子相连,上有顶棚,围有栏杆),人们大多在冬季和坏天气里才躲进室内。[2]

依照惯例,教堂和墓地是统领乡村生活的焦点。村民们竭尽所能为本村建造一座地标性建筑,供人们在其中祷

---

[1] 扬·莫乔伊(Ion Mocioi),"罗马尼亚农民的儿子"(Fiul unui taran roman),《康斯坦丁·布朗库西传》(*Constantin Brancusi-Viata*),雅西,2003,第7—25页。
[2] S. 梅海丁齐(S. Mehedinti),"地貌特征"(Schita geografica),《官方导览目录》(*Calauza oficiala si catalogul expozitiunei*),布加勒斯特,1906,第19页。

告，这是所有村民应尽的义务：

> 每个村庄都认为，只有这样神圣的居所才能配得上救世主的身份，并引以为傲。贫穷的艺术家会在房梁上和沿墙壁摆放的长椅上雕出纹饰，还会请来同样贫穷的匠人，给内外墙面画上彩色壁画，用石头刻成门框和窗框，用精湛的技艺雕刻出精美的、结构合理的圣像屏风，并涂上金漆。屏风把教堂分为两部分，一部分专属神父，称为祭坛，另一部分空间更大，接纳会众。[1]

墓地气氛肃穆，一座座十字架指向湛蓝的晴空，"是为了纪念耶稣受难地"[2]。然而，在乡村生活中，物资稀缺，建造房屋就有特殊意义，因为这完全是另一种挑战："每座房子都刷着白墙，在太阳下闪闪发光，里面几乎没有家具，除了简单的生活必需品外一无所有，只有辛苦劳动和自我牺牲。"[3]

到过这里的旅客也充分地作了记录，证实了这种凄凉的生活状态。1879 年，法国贵族外交官查理·德莫于（Charles de Moüy）在他的《博斯普鲁斯海峡的来信：布加勒斯特、君士坦丁堡、雅典》（*Lettres du Bosphore：*

---

[1] 乔治·奥普雷斯库（George Opresco），《罗马尼亚的农民艺术》（*Peasant Art in Romania*），伦敦，1929，第 12 页。
[2] 乔治·奥普雷斯库，《罗马尼亚的农民艺术》，第 15 页。
[3] 乔治·奥普雷斯库，《罗马尼亚的农民艺术》，第 19 页。

Bucharest，*Constantinopole*，*Athènes*）中描述了布朗库西的故乡奥尔特尼亚的悲惨状况。这里的房子就像"干草堆"，"人、房子、农田相互依靠，休戚与共，融为一体，阴沉暗淡，难以分辨"。他认为自己在奥尔特尼亚的所见所闻恰是"东方世界社会的缩影，晦暗却风景如画，凄惨却色彩丰富"。他觉得，奥尔特河是"无垠空间中的一抹孤寂"。[1]

这种条件下，罗马尼亚人仍然尽量让自己的寒舍在视觉上显得赏心悦目，这更让人不可思议。事实上，农村劳动阶层的首要工作是实用性的，而非艺术性的，因此，大多数家庭都喂养牲口，人与不可或缺的动物组成了大家族："房前通常有一大片生机勃勃的场院，上面满是家禽家畜，还有马车、供冬季交通使用的雪橇、犁耙、柴火、喂牲口的干草……"[2] 而让每家每户最为欣喜自豪的是大门，装饰之精美，在整个欧洲都独一无二。[3]

布朗库西正是成长于这种略显虚荣的房子里，他的祖屋有幸保留至今，经过略微改动，成了一座博物馆。[4] 屋里有两个房间，中间是客厅，设有火炉，同时也是厨房。

---

[1] 引自尼古拉·约尔加（Nicolae Iorga），《旅人眼中的罗马尼亚历史》（*Istoria Romanilor prin calatori*），布加勒斯特，1981，第670页。
[2] 乔治·奥普雷斯库，《罗马尼亚的农民艺术》，第15页。
[3] 桑达·米勒，《康斯坦丁·布朗库西作品研究》（*Constantin Brancusi：A Survey of his Work*），牛津，1995，第7—9页。
[4] V. G. 帕莱奥洛格，《年轻时代的布朗库西》（*Tineretea lui Brancusi*），布加勒斯特，1967，第21—2页。帕莱奥洛格指出，见证了布朗库西降生的房子是由他父亲在1870年代建造的；布朗库西的妹妹继承了下来，把这座房子从其原址上拆除，又在200米外的新地基上重建。重建的房子成了现在的布朗库西博物馆。

外墙刷成白色,围有门廊,门廊撑起陡峭的木瓦屋顶。屋内的各个房间布满了彩色的布艺陈设,家具和器皿上都有温馨的纹饰。每件物品上都有装饰,就连最普通的杯子、勺子也不例外,凿刻绘画,不一而足。地面、家具、墙壁上都覆盖着地毯、毛巾、桌布、床单等织物,花纹图案随处可见。这就是布朗库西生长的环境,形成了最早的视觉刺激,也是他雕塑作品构型灵感的初始来源,并在他后来的作品中反复出现。[1]

在巴黎生活了许多年后,布朗库西完全沉浸在了这座城市的先锋文化之中,但即便如此,他卑微的出身和似乎情有独钟的"他者性"仍然无处不在,对此,保罗·莫朗(Paul Morand)有独到的见解。1926年在纽约布鲁默美术馆举办的布朗库西个人展的文字目录中,莫朗评论道:

> 布朗库西是个天生的手艺人。他不知道什么是学徒、助手、刻石标、抛光机、切割机。他凡事自己动手。他从各个角度处理手中的材料,总是能够真实、贴切地表达他的想法。我们知道,布朗库西是罗马尼亚人,出身农家,生长在美丽的乡村……他的创作不需要师父和学徒,也不需要广告和艺术批评家来吹捧。巴黎给了他充分的自由,让他成为沾染巴

---

[1] 彼得鲁·科马尔内斯库(Petru Comarnescu),《布朗库西:当代雕塑中的神话与蜕变》(*Brancusi:Mit si metamorfoza in sculptura contemporana*),布加勒斯特,1972,第26页。

黎气息最少的罗马尼亚人。[1]

布朗库西眼中的罗马尼亚明显不同于**世纪末**精于世故的法国,也和现代罗马尼亚大相径庭。惨绝人寰的第一次世界大战(1914—1918)后签订的《特里亚农条约》(Treaty of Trianon)为现代罗马尼亚划定了现有的国界。[2]

15世纪中叶,土耳其入侵多瑙河下游地区,迫使其称臣纳贡。布朗库西出生时,这里名义上仍然是奥斯曼帝国的一部分。直到1856年,《巴黎和约》(Treaty of Paris)的签订使得摩尔达维亚和瓦拉几亚作为公国得到保护,两者拥有相同的行政体系(特兰西瓦尼亚和巴纳特地区仍然归属奥匈帝国,1920年与罗马尼亚统一);6年后,两个公国合并,称为罗马尼亚。1877年,罗马尼亚彻底摆脱土耳其的统治,4年后,卡罗尔·霍亨索伦-西格马林根王子(Prince Carol de Hohenzollern-Sigmaringen)被推举为国王,被称为卡罗尔一世(King Carol I),统治国家直至1914年去世。

这片土地上的农奴制度结束较晚,瓦拉几亚和摩尔达维亚分别在1746年和1749年才将其废除。一个世纪之后,

---

[1] 保罗·莫朗,《布朗库西》(*Brancusi*),展览目录,约瑟夫·布鲁默美术馆,纽约,11月26日—12月15日,1926。
[2] 桑达·米勒,"再现布朗库西的成长岁月:霍比塔—克拉约瓦—布加勒斯特"(Reconfiguring Brancusi's Formative Years: Hobita-Craiova-Bucharest),《康斯坦丁·布朗库西:事物的本质》(*Constantin Brancusi: The Essence of Things*),展览目录,卡门·希门尼斯(Carmen Giménez)、马修·盖尔(Matthew Gale)编,伦敦泰特现代美术馆,2004,第37—8页。

1859至1866年间,摩尔达维亚和瓦拉几亚组成的联合公国由亚历山德鲁·约安·库扎(Alexandru Ioan Cuza)(1820—1873)统治,他被誉为现代罗马尼亚之父。为解放农村劳动阶级,他大胆通过了一项法律,允许农民分得的土地归农民自己所有。然而不幸的是,他的善举事与愿违,因为地主们认为自己没有义务把原本属于自己的土地分给农民,供他们生活和耕作。结果,农民为了生存,被迫出卖廉价劳动力。于是,又一个阶级出现了,他们被称作掮客,他们的唯一作用是协调地主和农民之间的关系,让后者依照协定为前者工作。然而,事态恶化,双方关系变得越来越紧张,最终在1907年酿成了罗马尼亚历史上罕见的暴力起义,数万农民惨遭杀害。[1]

布朗库西童年时代的霍比塔村却有幸安享平静的生活,仍然因循着游牧部族生活流传下来的古老世俗传统。这种传统深深镌刻在布朗库西早年的记忆中,让他深爱着飞禽走兽遍布的自然,后来,他在雕塑作品中重拾并深刻理解了这些记忆和情怀。因此,布朗库西成长的关键时期基本没有遭受动荡的影响,而罗马尼亚的解放过程在其他地区则激起了波澜,用不到50年的时间把这个中世纪古风残存的闭塞之地变成了西化的资本主义国家。

---

[1] 迪努·C. 久雷斯库(Dinu C. Giurescu),"现代罗马尼亚"(Romania in epoca moderna),《图解罗马尼亚史》(*Istoria ilustrata a Romanilor*),布加勒斯特,1981,第318—526页。

布朗库西是尼古拉·布朗库西（Nicolae Brâncuși）（1832—1884）的第四个孩子，依照罗马尼亚的古老传统，这位父亲后来把自己的名字改成了拉杜（Radu）。布朗库西的母亲名叫玛丽亚·德亚科内斯库（Maria Deaconescu），以纺织为生。两人1872年结婚，男方40岁，女方21岁。男方二婚，第一任妻子名叫伊林卡（Ilinca），不幸早逝，两人育有3个孩子：扬（Ion）〔小名基日尼亚（Chijnea）〕、瓦西里（Vasile）和格奥尔基（Gheorghe）。尼古拉和玛丽亚又生了4个孩子：格里戈雷（Grigore）、康斯坦丁、杜米特鲁（Dumitru）、欧弗罗西娜（Eufrosina）。1884年女儿欧弗罗西娜出生时，尼古拉已经死去，留下年轻的遗孀独自抚养7个孩子。玛丽亚1919年去世，年近70。[1]

现有记录中的蛛丝马迹告诉我们，布朗库西的童年十分短暂，且并不快乐。在霍比塔村，他没有机会上小学。据他童年的一个朋友回忆，布朗库西7岁时，即他父亲去世前不久，就已经开始工作了：

> 先是照看父母的牛群，然后在喀尔巴阡山上的一间羊舍里受雇当羊倌。这份工作需要勤学苦练，让他熟悉了自然的活力，植物的秘密，让他知道了斗转星移、晨光微曦，让他学会了观云识天气、辨风雨……比起通常意义上的学校教育，

---

[1] V. G. 帕莱奥洛格，《年轻时代的布朗库西》，第17—19页。

他学习的过程更艰苦,学到的知识也更有用:他的老师是生活和自然。在冬季的严寒里,他喜欢用自己充满童趣的丰富想象,把厚厚的积雪塑成各种熠熠生辉的形状。这些作品似乎来自一个拥有无形力量的世界,给村子里的孩子们带去无限欢乐,让农民们赞叹不已。布朗库西后来承认,儿时用冻雪塑出的这些形象一直萦绕在他脑海里,永不消散。[1]

即便如此,他为这样的童年和家庭感到骄傲,后来尊称他的父亲为"阅历丰富的人"。父亲喜欢游历四方:

> 他去过克拉约瓦,也到过布加勒斯特。村里房屋的窗户都蒙着带有小孔的纸。旅行回来后,他动手做了改造:他把自己房子的窗户扩宽,使其可以打开。然后大家纷纷效仿。现在家家户户都有了漂亮的大窗户。[2]

布朗库西在邻村佩什蒂沙努和布雷迪恰尼受了一点点学校教育。当年的同学瓦西里·布伦代亚(Vasile Blendea)回忆道:

> 我们一起在佩什蒂沙努入学……他在那儿上了两年。老

---

[1] 约内尔·日亚努,《康斯坦丁·布朗库西》,伦敦,1963,第26页。
[2] 阿普里利亚娜·梅迪亚努(Apriliana Medianu)"布朗库西访谈录"(In conversatie cu Brancusi,《信使报》(Curentul),1930年10月6日,科马尔内斯库,《布朗库西:当代雕塑中的神话与蜕变》,第48页。

师名叫扎哈里亚（Zaharia）。有一次，他用小刀在课桌上刻画，为了惩罚他，老师把他锁进脏柜子里。他逃了出去，再也没回来。他去布雷迪恰尼继续上学，在那里上完了小学的最后几年，那里的老师名叫彼得·布朗库西（Peter Brancusi）。我没有上完小学。他很聪明，悟性高，好奇心强。[1]

关于童年，布朗库西本人说得最清楚的是，他曾经多次试图离家出走，并且在1887年和1888年两次付诸行动，或许还有第三次，那时他还不到12岁。[2] 艰苦的生活无情地压缩了他的童年时光，我们对他的成长所知甚少，就连上述简单的记述也不排除有虚构的成分，不可全信。我们也没有发现他那时制作的东西流传下来，作为他在罗马尼亚的童年生活的佐证。但据说布朗库西曾为附近的罗马尼斯蒂村神父的房子雕刻了7根凉廊木柱，仅此而已。据说这件事发生在1896至1898年间，那时他已是克拉约瓦美术工艺学校的学生，他去拜访了那位神父，留下了那些作品。[3] 但最重要的是，在霍比塔村及附近各村的早年时光，给了布朗库西最早的艺术启蒙，或许也为他开启了未来的职业之路。

---

[1] 瓦西里·布伦代亚，小名特里富（Trifu），1958年与罗马尼亚艺术史家瓦西里·德勒古茨（Vasile Dragut）口头访谈，发表于巴尔布·布雷济亚努（Barbu Brezianu），"布朗库西的开端"（The Beginnings of Brancusi），《艺术杂志》（Art Journal），第xxv卷，第1期，1965，第15—25页。
[2] 桑达·米勒，《康斯坦丁·布朗库西作品研究》，第10页。
[3] 达恩·斯曼塔尼斯库（Dan Smantanescu），"关于布朗库西的档案与回忆"（Documente si amintiri despre Brancusi），《阿尔杰什》（Arges），1967年3月，科马尔内斯库，《布朗库西：当代雕塑中的神话与蜕变》，第69页及注释18。

2 克拉约瓦与学徒时代

1888年,12岁的布朗库西离开霍比塔村,前往克拉约瓦找工作。克拉约瓦是多尔日县的首府,位于霍比塔村以南约100公里处。布朗库西将在这里度过接下来的10年时间。他先是在咖啡厅和饭店里洗盘子,或做服务生,每天长时间的工作让他疲惫不堪。克拉约瓦一定让这个农村孩子着迷。早在1846年,一个到过这里的女人称赞这是一个"繁华的城市,建筑井然有序,有桥梁,有集市,集市还支着木瓦结构的顶棚","足有8万左右居民"。[1] 1880年代,这座城市处于西方化过程中,尤其体现为建筑项目的密集快速发展,让布朗库西对西欧国家的风貌有了初步印象。[2] 但是,现代化的风潮虽然影响了罗马尼亚的建筑,却没有影响到它的雕塑和绘画,至少克拉约瓦在这方面落后了。据推测,布朗库西

---

[1] A. 卡尔洛威茨(A. de Carlowitz),引自尼古拉·约尔加,《旅人眼中的罗马尼亚历史》,布加勒斯特,1981,第551页。
[2] 桑达·米勒,《康斯坦丁·布朗库西作品研究》,牛津,1995,第41页。

在当地发现了**世纪末**的传统**墓地雕塑**，或许因此第一次接触到了雕塑艺术。当时的克拉约瓦，除了郊区喷泉路边的十字架外，没有一座公共雕塑。为了丰富对雕塑的理解，学生时期的布朗库西只得逡巡于墓地，在木质或石质墓地十字架之间，不时能看到权可称作半身像或雕像的东西。[1]

1865 年，布加勒斯特美术学院创办了雕塑学院，标志着罗马尼亚现代雕塑学派的出现，其影响逐渐延伸到克拉约瓦。而乔治·瓦西列斯库（Giorgio Vasilescu）（1864—1898）[2] 和康斯坦丁·伯勒切斯库（Constantin Bălăcescu）（1865—1913）[3] 这两位罗马尼亚现代雕塑的先驱，都是先在克拉约瓦美术工艺学校学习，然后到意大利进修。[4] 布朗库西 1894 年在克拉约瓦入学时，这两位雕塑家都还在此生活，但不清楚他们是否见过面。瓦西列斯库受邻市普洛耶什蒂的委托创作了一件公共雕塑，1896 年完工，并因此蜚声远近。布朗库西很可能听说过这件作品，也可能亲眼看过。伯勒切斯库则创作了献给罗马尼亚国家英雄图多尔·弗拉迪米雷斯库（Tudor Vladimirescu）的公共雕像，这尊雕像坐落在特尔古日乌，1898 年揭幕，年轻的布朗库

---

1 V. G. 帕莱奥洛格，《年轻时代的布朗库西》，布加勒斯特，1967，第 57 页。
2 保罗·雷泽亚努（Paul Rezeanu），"雕塑家乔治·瓦西列斯库（1864—1898）"（Sculptorul Giorgio Vasilescu（1864—1898）），《历史（一）》（*Historica* I），布加勒斯特，1970，第 177—99 页。
3 保罗·雷泽亚努，"雕塑家康斯坦丁·伯勒切斯库（1865—1913）"（Le scupteur Constantin Bălăcescu（1865—1913）），《历史（二）》（*Historica* II），布加勒斯特，1970，第 287—316 页。
4 桑达·米勒，《康斯坦丁·布朗库西作品研究》，第 11 页。

西一定不会错过这样的盛典,几乎可以肯定他曾经前往一睹为快。[1]

而伯勒切斯库在罗马尼亚的主要作品仍是墓地雕塑,这在罗马尼亚日渐壮大的资产阶级中十分流行,因为他们喜欢追随西欧风尚。和大多数雕塑家一样,伯勒切斯库靠完成这些委托项目谋生,所以必须迎合保守的罗马尼亚品位。这种品位偏爱笨拙的新古典主义风格,喜欢效仿某些悲伤的寓言形象,伴有天使和各式各样的鸟兽信使。他接受大量委托项目,作品散见于布加勒斯特、克拉约瓦、特尔古日乌、卡拉卡尔及其他地方的墓地里。这些墓地雕像虽然总是矫饰过度,用到寓言形象、天使、十字架、鹰等等意象,但与同类型的"国外进口工业产品"相比,品质仍更胜一筹。[2]

19世纪末期,克拉约瓦出现了密集的艺术活动,艺术家们大多接受富有的资产阶级的委托创造作品,同时还在学园里教授书法和绘画来增加收入。弗朗奇斯克·希拉托(Francisc Șirato)(1871—1953)是布朗库西时代最著名的画家之一。他生长于克拉约瓦的贫民窟中,虽然在城市里,环境更像是农村,但正是这样的环境给了他"最初的艺术启蒙;喷泉路边的十字架上那些漂亮的彩色圣像正是启蒙

---

[1] 桑达·米勒,《康斯坦丁·布朗库西作品研究》,第13页。
[2] 保罗·雷泽亚努,"雕塑家康斯坦丁·伯勒切斯库(1865—1913)",第306页。

的来源"[1]。[在后来的职业生涯中,希拉托结识了一位老画师,从他那里学会了平版印刷术。于是,他在1897年受委托为特拉扬·德梅特雷斯库(Traian Demetrescu)的畅销书《爱的方式》(*The Way We Love*)印制彩色海报。这是罗马尼亚有史以来印刷的第一张海报。[2]]

正在这个时候,众多外国画家恰好经过罗马尼亚,降临克拉约瓦,还有罗马尼亚其他地区的许多画家也来到这里,因为此地蓬勃发展的资产阶级能够给予他们慷慨的资助,很具诱惑力。其中有意大利的罗西·迪朱斯蒂尼亚尼(Rossi di Giustiniani),法国的 A. V. 利奥波德·迪朗·迪朗热(A. V. Leopold Durand Durangel),还有罗马尼亚画家欧金尼娅·斯特凡(Eugenia Ştefan)、康斯坦丁·扎曼(Constantin Zaman)、康斯坦丁·阿列克夏努(Constantin Alexianu)、伊万·B. 杜米特拉斯库(Ioan B. Dumitrescu)等等。

布朗库西来到克拉约瓦时籍籍无名,只能在斯皮尔塔鲁(Spirtaru)兄弟的车站餐厅里做服务生。在那里——

我工作了6个年头,每天工作18个小时。凌晨3点,马

---

[1] 扬·比贝里(Ion Biberi),"弗朗奇斯克·希拉托访谈录"(De vorba cu Francisc Şirato),《民主报》(*Democratia*),1945年6月17日,《奥尔特尼亚美术(1821—1944)》(*Artele Plastice in Oltenia(1821—1944)*),保罗·雷泽亚努编,克拉约瓦,1980,第38页。
[2] 扬·比贝里,"弗朗奇斯克·希拉托访谈录",第39—40页。

车夫用鞭子把儿敲我的房门,把我从睡梦中叫醒。他们来接乘早班火车到达的客人,出发前,他们喜欢先吃些热香肠,喝点冰白葡萄酒和滚烫的辣根汤。[1]

1894 年,布朗库西的处境有了很大改观。他在市商业中心的一个高端食品店找了份工作。店主伊万·扎姆菲雷斯库(Ioan Zamfirescu)是个很有派头的"优质葡萄酒和烈酒"供应商,为当地充满进取精神的资产阶级新秀服务。布朗库西乐于接受任何挑战,再荒唐也来者不拒,因此颇受有钱的顾客喜爱:

> 一天,有人问他能不能做一把小提琴,还有人为此下了赌注。他拿来一个橘色木箱,削成轻薄柔软的木片,经过长时间沸煮后,将木片弯出小提琴的弧度,找来琴弦和松香,很快就做成了。有人请来一个流浪琴师试着演奏,音色纯正,听者无不惊叹,称赞这个年轻的制琴师天赋异禀。[2]

格雷切斯库(Grecescu)是个富有的制造商,也是当地的律师,目睹了这件奇事。他认为这样的天才"明珠暗投",得不到"进步"的机会,实在太可惜,应该让他上

---

[1] 彼得·潘德雷亚(Petre Pandrea),《肖像画争鸣》(*Portrete si controverse*),布加勒斯特,1945,第 159—60 页。
[2] 约内尔·日亚务,《康斯坦丁·布朗库西》,伦敦,1963,第 24 页。

"我们的学校"[1]，也就是当地的美术工艺学校。布朗库西得到了克拉约瓦多娜·杜杜教堂的资助，同年9月开始在工艺美术学校上学。（据说布朗库西刚到克拉约瓦时并不识字，但一开始上学，为了能够赶上同学们，跟上课程进度，飞快地自学读写。[2]）

克拉约瓦机械工艺工业学校成立于1871年，1894年更名为美术工艺学校，成为欧洲顶尖的工业培训学校之一。罗马尼亚的其他主要城市，包括布加勒斯特，都设有类似的美术工艺学校，这让罗马尼亚有实力参加在欧洲举办的世界博览会。世界博览会起源于1851年在伦敦举办的万国工业博览会，罗马尼亚参加了此次盛会，但当时只能在土耳其馆参展，因为土耳其仍是其政治上的宗主国。[3]

克拉约瓦美术工艺学校的课程十分全面，提供26个门类的技术和职业技能培训，涵盖铸造、铁器加工、裁剪、制鞋、冶金、农业机械、雕塑等领域，但这时的雕塑只起到装饰作用，算不上艺术。学校博物馆收藏了布朗库西之前校友的一些作品，从这些作品就能大致看出他在学校接受了什么样的训练，能制作出什么样的作品。学校教学的重心是制造家具和家居用品，如餐具柜、书桌、椅子、枝

---

1 V.G. 帕莱奥洛格，《年轻时代的布朗库西》，第50页。
2 约内尔·日álců努，《康斯坦丁·布朗库西》，第24页。
3 桑达·米勒，"再现布朗库西的成长岁月：霍比塔—克拉约瓦—布加勒斯特"，《康斯坦丁·布朗库西：事物的本质》，展览目录，卡门·希门尼斯，马修·盖尔编，伦敦泰特现代美术馆，2004，第36—49页。

形吊灯、台灯、餐桌等。[1] 据说布朗库西也制作了许多这类物品,保存在学校博物馆里,包括一台织机、两个相框、一套包含90部分的抽数游戏玩具、一个盒子、一把很不寻常的橡木角椅。[2]

1897年夏天,布朗库西在美术工艺学校学习的最后一年开学前,在维也纳一家家具厂工作过[3],返回学校时带着一张"资格"证明,证实他有过工作经历。除此之外,他在维也纳还做了什么我们不得而知。[4] 据说这家家具厂竟是著名的索耐特公司(Maison Thonet),19世纪中叶在维也纳创办,发展了家具生产中重要的曲木工艺流程。[5]

1898年,布朗库西在美术工艺学校完成了学业。在克拉约瓦的"比贝斯库"公园举办的奥尔特尼亚地区诸县博览会上,布朗库西公开展出了一件作品。这个博览会知名度很高,是克拉约瓦市组织的一系列公共活动的一部分,它们旨在让公众了解绘画、雕塑和实用美术。1869年10月举办的工业博览会是这些活动的鼻祖,当时除了本地艺

---

1 《克拉约瓦百年农业机械工业学校:1871—1971》(*The Industrial Lyceum of Agricultural Mechanics, Criova: 100 Years, 1871—1971*),克拉约瓦,1971。
2 巴尔布·布雷济亚努,《布朗库西在罗马尼亚》(*Brancusi in Romania*),布加勒斯特,1976,第199—204页。
3 彼得鲁·科马尔内斯库,《布朗库西:当代雕塑中的神话与蜕变》,布加勒斯特,1972,第70—72页。
4 巴尔布·布雷济亚努,《布朗库西在罗马尼亚》,第15页。
5 据维尔纳·霍夫曼(Werner Hofmann)推测,布朗库西曾在维也纳的索耐特公司工作,参见"讨论"(Discutii),《布朗库西学术论坛(1967年10月13—15日)》(*Colocviul Brancusi, 13—15 October 1967*),布加勒斯特,1968,第152—5页。

术家的作品外,人们还有幸欣赏到了著名画家特奥多尔·阿曼(Theodor Aman)的绘画作品,阿曼可是布加勒斯特美术学院的创始人之一。1873年,克拉约瓦国民教育协会举办了第二次博览会,地点在克拉约瓦学园大礼堂;1887年,罗马尼亚合作社协会举办了第三次博览会。在美术展区,可以看到罗马尼亚最有名的艺术家的作品,例如画家特奥多尔·阿曼、尼古拉·格里戈雷斯库(Nicolae Grigorescu),雕塑家扬·杰奥尔杰斯库(Ioan Georgescu)(后来成了布朗库西在布加勒斯特时的教授),他们大多在巴黎学习过;还可以看到克拉约瓦本地艺术家的作品,如罗西·迪朱斯蒂尼亚尼、尼古拉·勒杜列斯库(Nicolae Rădulescu)、康斯坦丁·斯特拉沃尔卡(Constantin Stravolca)。[1]

1898年举办的奥尔特尼亚地区诸县博览会把这些活动推向高潮。那时布朗库西年仅22岁,首次展出了格奥尔基·基楚(Gheorghe Chițu)(1828—1897)的石膏半身像(已遗失)。基楚出任政府部长时创办了克拉约瓦美术工艺学校,时任校长彼得·波佩斯库(Petre Popescu)为了对其表达敬意,让布朗库西依照员工办公室里的照片制作了这尊半身像。[2]

---

[1] 保罗·雷泽亚努,《奥尔特尼亚地区的美术(1821—1944)》(*Artele Plastice in Oltenia(1821—1944)*),克拉约瓦,1980,第62页。
[2] 巴尔布·布雷济亚努,《布朗库西在罗马尼亚》,第206页。

是年，布朗库西从美术工艺学校毕业，波佩斯库给了他这样的评语："圆满完成5年制雕塑专业学习，所有理论和实践课程成绩优异，理论和实践学习能力俱佳，在校表现出色。"[1] 接下来的一学期，布朗库西来到罗马尼亚首都，在布加勒斯特美术学院深造。

---

1 扬·莫乔伊，《康斯坦丁·布朗库西传》，雅西，2003，第38页。

3 布加勒斯特与美术学院

1898年,布朗库西来到布加勒斯特,成为美术学院雕塑专业的学生。他将在这里度过4年光阴。[1] 布朗库西仍然很穷,很快沦落到靠出售那点微薄的遗产度日的境地。"为了在首都学习,我只得卖掉父亲留给我的那份遗产。我相信父亲在九泉之下一定无地自容,愤愤不平,不得安生。他若能变成鬼魂,一定会来掐死我,因为我卖掉了自己的那份家产,让家族蒙羞。"[2] 他还要在坎皮纳街上的奥斯瓦尔德餐厅洗盘子,和他的新朋友达尼埃尔·波亚讷(Daniel Poianǎ)一起打杂。[3] 布朗库西又和另外几个同学成了好朋友,其中扬·克罗伊托鲁(Ion Croitoru)和彼得·内亚戈耶名气较大,后者还成了他的传记作者。内亚戈耶记下了布朗库西的生活规律:

---

[1] 桑达·米勒,《康斯坦丁·布朗库西作品研究》,牛津,1995,第24—48页。
[2] 彼得·潘德雷亚,《肖像画争鸣》,布加勒斯特,1945,第160页。
[3] 扬·莫乔伊,《康斯坦丁·布朗库西传》,雅西,2003,第40页。

康斯坦丁天蒙蒙亮就起床了,在房门前用冷水洗脸,再去花园里走一圈。然后给厨房的灶台生火,热点牛奶,吃早饭。8点,他的女房东煮好土耳其咖啡,给他端去一小杯。她把咖啡放在桌子上,给他整理床铺,问他的雕像进展如何。他宽敞的桌子上有一堆黏土,每天呈现出不同的样子,她怎么也猜不出他做的是什么。康斯坦丁每天晚上从学校回来都让这堆黏土变个样,故意让她猜不着。[1]

1890年代,布加勒斯特人口约有30万。在这里,传统和现代,城镇和乡村等元素并存。半个世纪前,这里多彩的东方景观曾经深受苦旅之人和艺术家们喜爱,如今却已快速消退。这座城市正经历着翻天覆地的变化。虽然布加勒斯特一些地方仍然给人"别墅公园"的美感[2],但装饰繁复的**土耳其风格**的房子转眼间就不见了。[3] 1860年,摩尔达维亚首府雅西成立了一所美术学院,5年后,布加勒斯特美术学院成立。两者都以法国的美术学院为样板。布加勒斯特美术学院绘画学院的首任院长是特奥多尔·阿曼(1831—1891),格奥尔基·M. 特特雷斯库(Gheorghe M. Tătărescu)(1818—1894)负责教务。[4] 雕塑学院的第一

---

1 彼得·内亚戈耶,《蒙帕纳斯的圣徒》,纽约,1965,第22页。
2 玛丽·本杰斯库,"罗马尼亚的艺术",《图说罗马尼亚》,巴黎,1919,第27页。
3 玛丽·本杰斯库,《罗马尼亚的艺术》,第26—7页。
4 桑达·米勒(Sanda Miller),"再现布朗库西的成长岁月:霍比塔—克拉约瓦—布加勒斯特",《康斯坦丁·布朗库西:事物的本质》,展览目录,卡门·希门尼斯,马修·盖尔编,伦敦泰特现代美术馆,2004,第42—3页。

位教授是出生于德国的雕塑家卡尔·施托希（Karl Storck）（1826—1887）。

两所学院都拥有一个**美术馆**，各收藏了一套供教学所用的艺术品，这很重要。[1] 教学科目有透视、解剖、构图和色彩，雕塑学院的学生"可以比照塑像和自然进行创作"，说明特特雷斯库十分熟悉法国的教学大纲。五年制学位课程包括绘画、雕塑、建筑设计和版画等专业，教学内容包括艺术史、透视、解剖、书法和素描。

雕塑专业一年级学生的年龄在 15 至 25 岁之间，学习古典半身像和美术史。二年级继续学习美术史，还需学习古典全身和解剖学。三年级学习用黏土仿制古典雕像和自然物体，并学习装饰、解剖学、透视、美术史和美学。四年级学习仿制自然物体、构图、衣纹、解剖学、透视、美术史和美学。最后一年学习人物**圆雕**、半身雕像和构图。[2] 若将此与巴黎美术学校的课程设置作个比较，会发现罗马尼亚的这两所美术学院深受后者的影响。

从临摹浮雕到临摹圆雕的转变过程又叫作**渐圆**，圆在 19 世纪指石膏雕像。这个过程是个过渡阶段，介于临摹浮

---

1 乔治·奥普雷斯库（George Oprescu），"美术学校的基础，当世艺术家的绘画和首展"（Fundarea scolilor de arte frumoase, a pincoteciler si primele expozitii ale artisilor in viata），《19 世纪罗马尼亚绘画》（Pictura romaneasca in secolul XIX），布加勒斯特，1937。
2 阿德里安-西尔万·约内斯库（Adrian-Silvan Ionescu），《罗马尼亚的艺术教育，1830—1892》（Invatamantul artistic romanesc, 1830—1892），布加勒斯特，1999，第 120—21 页。

雕和临摹活体模特之间。临摹圆雕是为了增强三维意识，随后选择古典雕像作为范例，让学生认识古典作品的重要意义。[1]

作为美术学院的学生，布朗库西需要接受这一系列严格的艺术训练。虽然我们对他的学生时代所知甚少，但可以推断，他学习一定非常刻苦，这有助于我们理解对他影响至深的理论和实践教育。更重要的是，虽然克拉约瓦美术工艺学校的技能训练没有给他打下良好的基础，但布加勒斯特的教育的确帮助他去巴黎深造作足了准备，尤其这里采纳了经典的法国教育体系。

布加勒斯特美术学院初创之际，特奥多尔·阿曼发现教具匮乏，由于他曾在巴黎学习，就利用法国的关系从卢浮宫订购了大量石膏雕像，包括罗马维特里乌斯大帝（Vitellius）的半身像和许多希腊名作，如《米洛的维纳斯》（*Venus de Milo*）、《斗士》（*Gladiator*）、《贝尔维德尔的阿波罗》（*Apollo Belvedere*）、《拉奥孔群雕》（*Laocoön*）。1869年，学院委派卡尔·施托希去意大利选购石膏雕像。他认为一些作品在学术训练中不可或缺，如《抱鹅的孩童》（*Child with a Goose*）、埃阿斯（Ajax）半身像、《孩童和鹰》（*Child with Eagle*）、《镜前的维纳斯》（*Vanus at her Toilette*）、美杜莎（Medusa）浮雕，这些选择表现出他对希

---

[1] 阿尔贝·布瓦姆（Albert Boime），《19世纪的学院与法国绘画》（*The Acadmy and French Painting in the Nineteenth Century*），伦敦，1971，第18—9页。

腊作品的偏爱。[1]

布加勒斯特美术学院有了这些教具,开篇差强人意,但总体来说,能从西欧博物馆拿到的示例素材和复制品仍然微乎其微,虽然特奥多尔·阿曼不断查漏补缺,但仍然不能满足巨大的教学需求。鉴于此,学院不得不使用一些替代品。例如,那不勒斯考古博物馆藏有从庞贝和赫库兰尼姆古城考古发掘出来的代表性雕刻作品,1872年,有人买来一本收集了这些作品的相册,在罗马尼亚翻印。[2]

于是,为了弥补不足,满足学生们对视觉材料的需要,学院用了一些出人意料的手段,来源渠道到现在也不清楚。那时,一家拥有百年历史的罗马尼亚独立出版社出版了大量作品,既能让大众赏心悦目,也可丰富其专业知识。一些是畅销杂志,如《家庭论坛》(*Tribuna Familiei*)(首发于1898年10月),还有一些则更加专业,如《新罗马杂志》(*Noua Revista Romana*)(首发于1900年),[3] 涉及政治、文学、艺术领域,想必逃不过布朗库西的眼睛。《新罗马杂志》曾连续两期对1900年的巴黎世界博览会进行了全面报道。

扬·杰奥尔杰斯库(1856—1898)和斯特凡·约内斯

---

[1] 阿德里安-西尔万·约内斯库,《罗马尼亚的艺术教育》,第159—72页。
[2] 阿德里安-西尔万·约内斯库,《罗马尼亚的艺术教育》,第163—6页。
[3] 参见扬·汉久(Ion Hangiu),《罗马尼亚的文学出版》(*Presa literara Romaneasca*),布加勒斯特,1968,两卷本。

库-瓦尔布代亚（Stefan Ionescu-Valbudea）（1856—1918）是首批在布加勒斯特美术学院雕塑系跟随卡尔·施托希学习的专业学生。经过5年的艰苦学习，两人都获得了奖学金，赴巴黎继续深造。他们的作品在巴黎沙龙展出并获奖，让他们得以崭露头脚。在新古典主义的影响下，杰奥尔杰斯库的作品充满诗情画意，《源泉》（*The Source*）、《祷告的少女》（*Girl Praying*）、《狩猎的恩底弥翁》（*Endymion Hunting*）等作品在巴黎展出，其中《祷告的少女》广受赞誉。1882年，帕斯卡利（Pascaly）刚去世，杰奥尔杰斯库便为其创作了一尊雕像，这件作品大获成功之后，他就因循社会风尚，为布加勒斯特的上流人士做起了肖像雕塑。巴黎的奥古斯特·罗丹（Auguste Rodin）和后来伦敦的雅各布·爱泼斯坦（Jacob Epstein）同样也加入了这种风尚。

杰奥尔杰斯库十分乐意分享自己的知识，1887年他成了布加勒斯特美术学院的雕塑教授。他一直在此工作，直到1898年不幸英年早逝，终年42岁。同一年，布朗库西在此入学。从入学到当年11月30日，布朗库西都跟随杰奥尔杰斯库学习，此后转而师从弗拉迪米尔·黑格尔（Vladimir Hegel）（1839—1918）。

布加勒斯特兴建了许多机构和场馆来支持视觉艺术，还出现了收藏艺术品、资助艺术家的风潮，这是布朗库西来到这里之后享受到的另一个重要福利。布加勒斯特有许多著名的收藏家，如克里科尔·H. 赞巴奇安（Krikor

H. Zambaccian）（1889—1962）和阿纳斯塔塞·西穆（Anastase Simu）（1854—1935），几乎可以和莫斯科的谢尔盖·舒金（Sergei Schukin）、伊万·莫罗佐夫（Ivan Morozov）相媲美。西穆慧眼识珠，后来在1908年委托布朗库西创作了惊艳的大理石头像《睡》（*Sleep*），当时布朗库西尚籍籍无名。[1]

在美术学院学习期间，布朗库西听从同窗好友扬·克罗伊托鲁的劝说，一起加入教堂唱诗班，这让布朗库西学会了吟唱格列高利和拜占庭圣咏。[2] 据说布朗库西送给克罗伊托鲁一本素描簿，红布封皮，封面上的题目是"C. 布朗库西素描"，但这些素描是否真的出自布朗库西之手一直存有争议。[3] 素描内容包括城市风貌、人物肖像、自画像、真菌群落以及裸体和人体骨骼习作。[4] 这些素描，还有布朗库西在布加勒斯特学习期间创作的雕塑作品（有些保存至今，有些只留下照片），都说明他在美术学院接受了严格的学术训练。

这本素描簿据说是布朗库西送给克罗伊托鲁的，而类似的作品，学院都建议学生们妥善保存。《素描基础教程》（*Course élementaire de dessin*）（1877）的作者安托万·埃泰

---

[1] 桑达·米勒，《再现布朗库西的成长岁月》，第46—7页。
[2] 亚历山大·伊斯特拉蒂，纳塔利娅·杜米特雷斯库，《布朗库西》，巴黎，1986，第58页。
[3] 巴尔布·布雷济亚努，《布朗库西在罗马尼亚》，布加勒斯特，1976，第158—92页。
[4] 参见巴尔布·布雷济亚努，《布朗库西在罗马尼亚》，第158—92页。

(Antoine Etex)教诲道：素描和油画一样，"都不能一蹴而就"——

> 一张随手速写可以一次画成，训练有素的艺术家可以在这种速写的基础上精雕细琢，学生则必须循规蹈矩，从简单的元素开始，一点点构建复杂的作品，一方面要明确主旨，另一方面还要不失宏观，从中精益求精。[1]

其间布朗库西创作了一些作品，大部分或遗失或毁坏，只能从照片上一睹为快，仅有4件作品幸存了下来。其中一件去皮人体作品，是真人大小的雕像，有多个版本。这是他的解剖学教授迪米特里耶·杰罗塔（Dimitrie Gerota）博士布置给他的作业，让他学习人体结构。布朗库西模仿了卡皮托林（Capitoline）所谓的《安提诺乌斯》（Antinous）[现在普遍认为是希腊雕像《赫尔墨斯》（Hermes）的罗马复制品]。布朗库西的最终作品展示了他的艺术技巧和科学般的精确性。为了完成作业，他只得到停尸房认真钻研。众所周知，他对人体解剖深恶痛绝，或许正是这次经历造成的后遗症。[2]

另外三件作品包括一件《维特里乌斯》（Vitellius）半

---

[1] 安托万·埃泰，《素描基础教程》，巴黎，1877，引自阿尔贝·布瓦姆，《19世纪的学院与法国绘画》，伦敦，1971，第32—3页。
[2] 桑达·米勒，《康斯坦丁·布朗库西作品研究》，第33—4页。

身石膏像，一件卡罗尔·达维拉（Carol Davila）医生半身像，一件扬·杰奥尔杰斯库-戈扬（Ion Georgescu-Gorjan）半身像。杰奥尔杰斯库-戈扬是布朗库西在克拉约瓦时的朋友，他的儿子斯特凡（Stefan）后来在建造特尔古日乌《无尽之柱》(*Column without End*)的过程中起了关键作用。[1] 从照片中可以看出，布朗库西还有10件作品遗失或毁坏，包括一件《拉奥孔》石膏作业，一件真人大小的《马尔斯·博尔盖塞》(*Mars Borghese*)浮雕，两件女性头像作业，一件公共雕塑作业［《寓言》(*Allegory*)］，两件解剖学作业，还有上述去皮人体作品的最初石膏版本。[2]

1902年4月，布朗库西毕业。同年4至7月，他按要求参军服役。这段时间里，他继续到美术学院参加实践课程，并获准使用学院工作室的设施。9月24日，他获得了高等教育学历证书。随后，他向克拉约瓦马多娜·杜杜教堂提出申请，希望获得奖学金赴意大利学习，这座教堂曾经十分慷慨地全程资助了他在克拉约瓦和布加勒斯特的学业[3]，但此次没有批准他的申请。他的朋友迪米特里耶·帕丘雷亚（Dimitrie Paciurea）（1875—1932）是个颇有才华的雕塑家，在罗马尼亚以外却鲜为人知。帕丘雷亚刚

---

[1] 桑达·米勒，《康斯坦丁·布朗库西作品研究》，第33—4页。
[2] 亚历山大·伊斯特拉蒂，纳塔利娅·杜米特雷斯库，《布朗库西》，插图3、4、5、6、7、8、9、10、11，第272—4页，参见桑达·米勒，《康斯坦丁·布朗库西作品研究》，第35—7页。
[3] 扬·莫乔伊，《康斯坦丁·布朗库西传》，第56—7页。

刚受到国家奖学金资助在巴黎留学多年（1895—1900），后来创作了一系列惊世骇俗的作品，合称《幻想》（*The Chimeras*）。布朗库西 1915—1918 年创作的木雕《幻想》（*Chimera*）或许就受到了帕丘雷亚早期作品的影响，至少在观念上是这样。[1] 刚从巴黎回国不久的帕丘雷亚让布朗库西去慕尼黑留学，布朗库西采纳了这一建议。

我们对两人的关系所知甚少。两人初次见面是帕丘雷亚从巴黎回国后，在帕丘雷亚的引介下，布朗库西加入了先锋社团"青年艺术家"（Tinerimae Artistica）。这个社团于 1902 年首次举办展览，伊丽莎白女王（Queen Elizabeth）后作为贵宾出席［她还用**笔名**"卡门·席尔瓦"（Carmen Sylva）创作诗歌］。"青年艺术家"在布朗库西艺术生涯早期有着重要地位，他在 1907 至 1914 年间连续参展，参展作品都有详细记录。

1902 年，帕丘雷亚建议布朗库西去慕尼黑，那里是许多前卫艺术流派的发源地，包括"新艺术"（Art Nouveau）。布朗库西差不多 1903 年夏来到了巴伐利亚首府。[2] 在这里，他见到了好友弗雷德里希·施托希（Frederich Storck），施托希也是雕塑家，对他热心相助。当年冬天的那几个月，他参观博物馆，频繁光顾著名的宫廷

---

[1] 桑达·米勒，"帕丘雷亚的幻想"（Paciurea's Chimeras），《阿波罗》（*Apollo*），2003 年 10 月，第 26—33 页。
[2] 扬·莫乔伊，《康斯坦丁·布朗库西传》，第 65 页。

啤酒屋等酒馆，这些地方艺术家云集；他徒步游览城市及其中的公园和花园，曾尝试找工作，却一无所获。后来他承认，他眼中的慕尼黑并不适合他，原因之一是他似乎很难学会德语。此外，他发现这里的慕尼黑美术学院教授的内容和他在布加勒斯特学到的太相近。于是，在1904年明媚的春光里，他动身前往巴黎。[1]

---

[1] 约内尔·日亚努，《康斯坦丁·布朗库西》，伦敦，1963，第29—30页。

4 巴黎

7月14日,经过漫长的徒步旅行,布朗库西从慕尼黑来到巴黎。[1] 后来,他回忆起这段旅途,无尽的欣喜仍溢于言表:

> 我沿着乡村小路行走,或是在森林里漫步,一边走一边唱,满心欢喜。村子里,有人给我吃的喝的。农民们对我很热情,招待我,祝我旅途愉快。他们发现,我和他们没什么两样。有时候,我会在田野间停下来,那里有牛在安静地吃草。我会吹起口哨,吹出家乡的老曲调。一天,我看到一头奶牛停住嘴,听我唱歌,这让我心花怒放。但走近一看,才发现她不过是……在撒尿。就在那一刻,我明白了什么叫虚荣。[2]

---

1 亚历山大·伊斯特拉蒂,纳塔利娅·杜米特雷斯库,《布朗库西》,巴黎,1986,第62页。
2 约内尔·日亚努,《康斯坦丁·布朗库西》,伦敦,1963,第30页。

1904年，布朗库西亲眼见到的巴黎，正是一个面目一新的大都会。奥斯曼风格的大街初具规模，为1889年世界博览会建造的地标性建筑埃菲尔铁塔高高耸立。1890年代末，地下铁路系统开始动工，到1900年，第一批线路已经颇显成效，布朗库西到达巴黎时，地铁已经初具规模。地铁站入口有新艺术风格的栏杆和精美的标牌，以各种各样的枝叶为主题，样式典雅，协调和恰，出自建筑师埃克托尔·吉马尔（Hector Guimard）之手，风靡整个巴黎。可以发现，类似样式也出现在布朗库西即将创作的一系列懒洋洋的卵形作品上。

1900年世界博览会真正开启了法国的现代化发展历程，罗马尼亚也对现代化充满热情，积极参与其中。从1900年到1937年最后一次举办世界博览会，巴黎都是绝对的欧洲文化中心。1900年的第四届世界博览会规模空前，而且给主办城市巴黎留下了新巴洛克风格的大皇宫和小皇宫。两座宫殿紧相毗邻，坐落在香榭丽舍大街和塞纳河右岸夹持的开阔三角地带上，附近有壮观的亚历山大三世桥，这座桥跨过塞纳河，伸向奥赛码头，和荣军院相连。

当时，巴黎有两个主要艺术社团比肩齐声，分别位于蒙马特尔和蒙帕纳斯。两个社团成为滋养先锋运动的沃土。1905年，野兽派（Fauvism）兴起于蒙马特尔，是先锋运动的发端。蒙马特尔的夜生活远近闻名，有俱乐部、舞厅，还有煎饼磨坊、红磨坊、黑猫等音乐餐厅。[1]而且狡兔酒吧还成了艺术家们的聚集地,这些艺术家住在拉维尼昂路13号。这个地方有个更响亮的名字——"洗衣船"(La Bâteau-Lavoir),因为这里实在丑得不堪入目。洗衣船是毕加索(Picasso)扬名立万的地方,此前数年,他多次在巴黎和巴塞罗那两地之间辗转。1904年,布朗库西和毕加索都在巴黎安了家。

蒙马特尔文化人聚居区历史悠久,比**毕加索小组和洗衣船**更早出现,可以追溯到1869年,那时候,这一地区刚变成巴黎的第18**区**。在这里,艺术家的第一块聚居地是"新雅典"(Nouvelle Athènes),吸纳了托马斯·库蒂尔(Thomas Couture)、皮维·德沙瓦纳(Puvis de Chavannes)、戎金(Jonkind)和艾尔弗雷德·史蒂文斯(Alfred Stevens)。[2]贵族画家亨利·土鲁斯-劳特累克(Henri de Toulouse-Lautrec)和红磨坊的特殊关系随后让歌舞厅成为自由精神的家园,造就了典型的文化人聚居区。1889年,皮加勒区的克利希大街90号举办红磨坊舞会,距离蒙马特尔不远,灯光照亮红色的磨坊,好似鹤立鸡群;来自世界各地的舞者、小丑和各式各样的舞厅演员成了这一地区最醒目的标志。这些**过气**的演员或是在红磨坊舞会表演,或

---

[1] 奈杰尔·戈斯林(Nigel Gosling),《巴黎,1900—1914》(*Paris, 1900—1914*),伦敦,1978,第67页。
[2] 菲利普·朱利安(Philippe Jullian),《蒙马特尔》(*Montmartre*),牛津,1977,第32—9页。

是慕名而来，在土鲁斯-劳特累克的作品中永垂不朽。从 1880 年代中期开始，土鲁斯-劳特累克就一直在这一地区生活。

在蒙马特尔，人们生活颓废，精神自由，穷困潦倒，但却我行我素，那里就像一块吸铁石，特别有吸引力。埃里克·萨蒂（Erik Satie）（后来成为布朗库西的好友）选择蒙马特尔作为艺术生涯的第一个居所，这并不意外。1887 年，萨蒂在孔多塞街租房子住，附近就是梅德拉诺马戏团；一年后，黑猫老板鲁道夫·萨利斯（Rodolphe Salis）聘请萨蒂为他的夜总会弹钢琴。萨蒂顺势把自己变成了一个地地道道的放荡不羁的文化人。他把家搬到了科尔托街上，就在繁华的高地广场后面，把自己名字的拼写由 Eric 改为 Erik。为了配合自己严肃作曲家的新身份，他还蓄起了胡子，戴上夹鼻眼镜，系上飘飘的领带，穿上丝绒外套，配上软帽。[1]

1904 年，毕加索决定在洗衣船开设工作室，这件事意义重大。大家公认蒙马特尔为野兽派和立体派（Cubism）的发源地，是先锋运动的温床，其盛名持续到了 20 世纪，与毕加索的工作室不无关系。1907 年，毕加索已经走过了他的"蓝色时期"和"粉色时期"，开始着手创作《阿维尼

---

[1] 罗杰·沙特克（Roger Shattuck），《盛筵之年：法国先锋艺术起源，从 1885 年到第一次世界大战》（*The Banquet Years: The Origins of the Avant-garde in France, 1885 to World War I*），纽约，1968，第 117—18 页。

翁的少女》(Les Desmoiselles d'Avignon)。现在看来，这幅画作是欧洲现代主义最有代表性的作品之一。在这里，毕加索有了新的交际圈，其中包括马克斯·雅各布（Max Jacob）、纪尧姆·阿波利奈尔（Guillaume Apollinaire）和费尔南德·奥利维耶（Fernande Olivier），即所谓的**毕加索小组**，他们聚集在狡兔酒吧，这里的夏天最迷人。毕加索会"带着他的那群狗狗，坐在富有乡村气息的草坪上，坐在金合欢树投下的阴凉里。酒吧主人的那只猴子在树上玩耍，还有他那头充满艺术气息的驴子，名叫洛洛，见什么吃什么"[1]。此后数年里，又有新的成员加入"毕加索小组"，如布拉克（Braque）、德兰（Derain）、弗拉芒克（Vlaminck）、瓦拉东（Valadon）、莫迪利阿尼（Modigliani）、格里斯（Gris）、埃尔班（Herbin）、马尔库西（Marcoussis）、郁特里罗（Utrillo）、玛丽·洛朗森（Marie Laurencin）。就连不那么放荡不羁的马蒂斯（Matisse）也时不时出现在这里。[2]

相反，直到20世纪初，蒙帕纳斯仍然是个贵族村庄。1905年，它才开始向现代化的行政区过渡，现代建筑取代了蒙帕纳斯街两旁的大多数双层小楼。莫迪利阿尼的同伴罗歇·维尔德（Roger Wild）回忆道，此前在蒙帕纳斯还能

---

[1] 约翰·理查森（John Richardson），《毕加索传，卷一，1881—1906》(*A Life of Picasso，volume I，1881—1906*)，伦敦，1992，第371页。
[2] 约翰·理查森，《毕加索传，卷一》，第374页。

看到农场,农场上有"牛、猪、马、鸡",弗勒吕斯街上就有一个这样的"襁褓"。[1] 弗勒吕斯街是一条安静的街道,位于卢森堡花园西面。1903年,利奥(Leo)和格特鲁德·斯坦(Gertrude Stein)两人在弗勒吕斯街27号定居,开办了著名的沙龙。

和蒙马特尔一样,蒙帕纳斯也有各式各样的娱乐场所,尤以剧院出名,如蒙帕纳斯剧院和盖特-蒙帕纳斯剧院,还有著名的音乐厅,如盖特街上的博比诺音乐厅。[2] 这里的丁香园咖啡馆是才华横溢的知识分子的聚集地,相当于蒙马特尔的黑猫酒吧,景致独特,但更有文化气息。蒙帕纳斯的文化人经常会聚于此,保罗·福尔(Paul Fort)的《诗歌与散文》(Vers et Prose)杂志也经常把这里当成办公室,召开临时编辑会议。1953年的丁香园咖啡馆已是纯粹的餐厅,举办了开业150周年庆典,但这家精致的餐厅已经完全不同于当年福尔的杂志编辑部所光顾的那家不起眼的咖啡馆了。《诗歌与散文》最初吸引的大多是作家和诗人,定期刊发魏尔兰(Verlaine)、斯特林堡(Strindberg)、王尔德(Wilde)、梅特林克(Maeterlinck)的作品,后来转而关注视觉艺术,一些供稿艺术家从蒙马特尔搬到了莱茵

---

[1] 让-保罗·克雷斯佩勒(Jean-Paul Crespelle),《蒙帕纳斯鼎盛时期的日常生活,1905—1930》(*La Vie quotidienne à Montparnasse à la Grande Epoque, 1905—1930*),巴黎,1976,第12—3页。

[2] 让-保罗·克雷斯佩勒,《蒙帕纳斯鼎盛时期的日常生活,1905—1930》,第32页。

河左岸地区。到1912年，蒙马特尔和蒙帕纳斯的艺术家已然都喜欢聚集在丁香园咖啡馆，如布德尔（Bourdelle）、弗拉芒克、布拉克、莱热（Léger）、莫迪利阿尼、布朗库西等等，不胜枚举。[1]

布朗库西初到巴黎，先是借住在布加勒斯特旧友达尼埃尔·波亚讷家，位于孔多塞社区9号，离蒙马特尔不远。波亚讷帮他在沙尔捷餐厅找了份洗碗的工作。布朗库西后来回忆起那段时光，认为他为餐饮行业的厨房卫生工作作出了贡献，提高了清洗效率：[2]

> 最初，我为了谋生，在餐厅做洗碗工。我主要负责洗玻璃杯，不负责为客人倒酒。我特别擅长洗玻璃杯，还想出了个好办法，洗得更快。之前，玻璃杯都要洗两次，一次用热水，一次用冷水。我省去了冷水洗的过程，只用滚烫的热水。热水能去油渍，洗得干净，而且玻璃杯也干得更快。热水烫得我指尖生疼，让我的手指变得粗糙，但我却安之若素。[3]

此后三年，他多次搬家。1905年3月，布朗库西搬到

---

1 让-保罗·克雷斯佩勒，《蒙帕纳斯鼎盛时期的日常生活，1905—1930》，第41—50页。
2 亚历山大·伊斯特拉蒂，纳塔利娅·杜米特雷斯库，《布朗库西》，第65—8页。
3 彼得·潘德雷亚，《肖像画争鸣》，布加勒斯特，1945，第160页。

了交易所广场 10 号,然后搬到了太子广场 16 号,这两处都在蒙帕纳斯。1907 年,他接受了一件报酬丰厚的委托项目后,搬到了蒙帕纳斯街 54 号,这里地处文化人社区中心。[1] 罗马尼亚艺术和教育部给了他少量补助金,帮助他注册成为法国美术学院的学生,在安东·梅西耶(Anton Mercié)工作室上课。从幸存的照片来看,此后两三年里,布朗库西创作的作品(多已遗失)以半身铜像为主。这些半身像有浓厚的学院派气息,其中一组儿童雕像十分迷人,包含多种版本和变体,如《孩童》(*The Child*)、《孩童头像》(*Head of the Child*)、《痛苦》(*Torment*)等。[2]

青铜作品《画家尼古拉·德勒斯库像》(*Portrait of the Painter Nicolae Dărăscu*)(1906)和《睡》(1908)更是不同寻常。《睡》是一个充满诗意的头像,用大理石雕刻而成,是收藏家阿纳斯塔塞·西穆为自己布加勒斯特的私人博物馆定制的作品。布朗库西为好友德勒斯库创作的青铜头像,首次依从罗丹的碎片化手法,采用"局部形象"的方式,为达到表现效果,剔除了解剖学的成分。罗丹发明的这种新方法成为实用技巧,在先锋雕塑圈内很受欢迎,对布朗库西来说也不例外。《尼古拉·德勒斯库》与《痛苦》系列作品关系密切,布朗库西开始尝试通过剔除右臂来实验"局部形象"技法。后来,他的第一件现代主义杰

---

1 亚历山大·伊斯特拉蒂,纳塔利娅·杜米特雷斯库,《布朗库西》,第 65 页。
2 桑达·米勒,《康斯坦丁·布朗库西作品研究》,牛津,1995,第 49—62 页。

作《祈祷者》将这一技法运用得炉火纯青。

这一时期布朗库西和罗丹之间的关系如何，我们没有确切依据，只有道听途说。布朗库西有幸结交了两位罗马尼亚作家——奥蒂利娅·科斯穆扎（Otilia Cosmutza）和玛丽·本杰斯库，很可能同时认识了罗丹。而且，据布朗库西所说，他还做过罗丹的学生，但时间不长。

奥蒂利娅·科斯穆扎（1874—1951）是一名记者，为罗马尼亚艺术杂志《昏星》（*Luceafărul*）供稿。她率先在这本杂志上报道了布朗库西在巴黎的创作。1907 至 1914 年间，她担任著名小说家阿纳托尔·法朗士（Anatole France）的秘书。她的第二任丈夫是匈牙利作家捷尔吉·伯勒尼（Gyorgy Bölöny），她因此迁居布达佩斯。1924 年，她在布达佩斯发表回忆录，题为《与阿纳托尔·法朗士同行》（*Promenades avec Anatole France*）。[1] 玛丽·本杰斯库（1850—1936）曾在罗浮宫学校学习，专攻法国家具史。她是罗丹的好朋友，友谊长达数十年。1919 年，她为《图说罗马尼亚》一书贡献了一篇文章，题为"罗马尼亚的艺术"，简要而精当地分析了布朗库西的雕塑。而科斯穆扎在为罗丹引介布朗库西一事上起了关键作用。科斯穆扎写过一篇日记，时间标记为 1907 年 1 月 3 日，记载了这样一件事："晚上，我在自己房间里，拿着四束紫罗兰。"三束来

---

[1] 多依娜·莱姆尼，"档案"（Les Archives），《遇见布朗库西（绘画和档案）》，展览目录，巴黎蓬皮杜艺术中心，2003，第 207 页，注释 4。

自几个小女孩,还有一束是布朗库西送的。"他在我家大门前等候,手拿花束。上次见面还是我们一起去默东看望罗丹的时候。"[1] 布朗库西和罗丹可能就是 1906 年 12 月在布里昂别墅相识的,这座别墅从 1895 年起就是罗丹在默东郊区的居所。相识之后,布朗库西在罗丹位于大学街的工作室随他工作了一段时间:

> 我成了罗丹工作室的学生,在这里学习让我技巧更加娴熟。我每天都依照罗丹的风格制作一件雕塑。罗丹很喜欢我,但我却必须远离他,因为我在模仿他。不知不觉,我成了学舌的鹦鹉,但让我痛苦的是,我能看到自己在学舌。这些年最为艰难,我上下求索,寻找自己的道路。我只得离开罗丹。这让他不悦,但我必须走自己的路。越过自己内心的困顿,我找到了简约、平静和快乐。[2]

跟随罗丹学习的短暂时光有多艰苦已很难考证,但罗丹对他的影响之深远却显而易见。那时候年轻的布朗库西正处于艺术风格的转折点。在布加勒斯特美术学院的学习为他稳妥的学院派风格打下了良好基础,而他此时正要放弃这一风格,进入过渡阶段,转而突出表现主义塑形和

---

1 彼得鲁·科马尔内斯库,《布朗库西:当代雕塑中的神话与蜕变》,布加勒斯特,1972年,第119页。
2 彼得·潘德雷亚,《肖像画争鸣》,第160页。

"局部形象"。

1907年,侨居巴黎的罗马尼亚人委托布朗库西创作一件雕塑。这是他第一次获得重要委托项目。委托人是伊丽莎·斯坦内斯库-波波维奇(Eliza Stănescu-Popovici),十分富有,想为她新丧的丈夫定制纪念雕像。4月18日,双方签订合同,合同约定,布朗库西制作"一尊墓地雕像,树立在布泽乌,包含一座哭泣的女性寓言像和一座半身像,半身像包含手臂和底座,报价7500**列伊**(罗马尼亚货币单位)"[1]。通常情况下,这样的雕塑中有一名**哭丧妇**俯卧在地,面容愁苦,置于三级基座之上,面前是个柱基,上面会放上死者的半身像。但布朗库西的最终作品却出人意料,十分大胆。罗马尼亚墓地常见的**哭丧妇**不见了,取而代之的是一个独臂女子跪地祈祷。后来,布朗库西回忆道,把裸体女子雕像放在墓地里可能是大不敬,因此,他决定制作"祈祷者",把祈祷女子抽象化,变成所有祈祷者的象征。布朗库西的《祈祷者》离经叛道,不仅革新了墓地雕塑的常规范式,而且避免了把裸体人像放在墓地里,因为这样做即便在巴黎也会激起风波,更不要说布泽乌这样的小城镇了。

多年以来,人们反复探究布朗库西的灵感来源,但那时候,他观摩的不是其他雕塑,而是绘画,尤其是保罗·

---

[1] 巴尔布·布雷济亚努,《布朗库西在罗马尼亚》,布加勒斯特,1976,第100页。

塞尚（Paul Cézanne）的作品。[1] 1907 年的两次展览呈现了塞尚的大量遗作。一次在贝尔南青年画廊，主要展出水彩画，另一次在秋季沙龙，展出了 56 幅油画。第二次展览包含了他宏伟的巨幅画作《沐浴者》（Bathers）三个版本中的两个。两相比较，可以看出布朗库西的祈祷者和塞尚的裸体沐浴者之间的相似之处，布朗库西显然受到了影响。

接受《祈祷者》的制作委托让他能够搬到这里，并在这里工作了 9 年时间。[2] 这张照片反映了那时候布朗库西艰苦的条件：为祈祷雕像准备的巨大的长方形柱基；为《痛苦》的两个版本准备的两个简陋的底座，一个青铜，一个大理石（已遗失）。《痛苦》的这两个版本或许是布朗库西最早尝试直接雕刻法的结果。后来，直接雕刻法造就了布朗库西以《吻》（The Kiss）主题的首批重要系列作品。《祈祷者》的模特是一名黑发裸体女子；她位于雕塑基座上，脚的高度和 6 个放着孩童半身像的柱基顶端齐平，布朗库西还在其中一个柱基上面放了一盆绿植，颇有意趣。[3] 这位女模特的身份我们不得而知，但如果彼得·内亚戈耶的说法可信，她应该叫玛尔特（Marthe），布朗库西住在太

---

1 桑达·米勒，《康斯坦丁·布朗库西作品研究》，第 67—8 页。
2 亚历山大·伊斯特拉蒂，纳塔利娅·杜米特雷斯库，《布朗库西》，第 73 页。
3 马里耶勒·塔巴尔（Marielle Tabart），伊莎贝尔·莫诺-方丹（Isabel Monod-Fontaine），《布朗库西的照片》（Brancusi photographié），插图 2，"蒙帕纳斯街 54 号，祈祷者工作坊景象，1907 年前后"，插图 5，"带模特的工作坊景象，1907 年末"，第 117 页。

子广场时,与这位年轻女子相识于狡兔酒吧。玛尔特贯彻放荡不羁的生活作风,自告奋勇成了他的模特、厨师和情人。据《蒙帕纳斯的圣徒》一书所述,布朗库西"不假思索,接纳了这个自降身份的痴情女子。巴黎的艺术家包养情人是司空见惯的做法"[1]。没有文献记录能够证明玛尔特在布朗库西生命中扮演了怎样的角色,而且布朗库西对自己的私生活一向三缄其口,没有留下任何有用的线索。

1907年和1910年,两位女性先后出现在布朗库西的生命和艺术创作中——热内·弗拉雄男爵夫人(Baroness Renée Frachon)和匈牙利画家马吉特·波嘉尼(Magit Pogany)。关于这一点,有着清晰的文献记载。经奥蒂利娅·科斯穆扎介绍,男爵夫人认识了布朗库西。1908至1910年间,两人经常见面,即便男爵夫妇两人热爱游历四方,也几乎不受影响。之后两人一直保持通信,直到布朗库西去世。[2] 1908年,男爵夫人第一次为布朗库西做模特,布朗库西因此创作了《沉睡的缪斯》(*The Sleeping Muse*)系列雕像。最初的大理石版本十分漂亮,现收藏于华盛顿赫希洪博物馆和雕塑园。这件作品标志着布朗库西职业生涯新阶段即主题阶段的到来。

从照片中的黏土雕像可以看出,布朗库西给这位贵族

---

[1] 彼得·内亚戈耶,《蒙帕纳斯的圣徒(基于康斯坦丁·布朗库西生平的小说)》,纽约,1965,第8页。
[2] 亚历山大·伊斯特拉蒂,纳塔利娅·杜米特雷斯库,《布朗库西》,第73—4页。

模特造像时，最初仍用了罗丹式表现法（黏土雕像创作于1908年，现遗失）。这两张照片出自奥蒂利娅·科斯穆扎档案，1965年首次发表于《分支》(Ramuri)和《论坛》(Tribuna)两本罗马尼亚杂志上。[1] 此时，布朗库西放弃了描摹法，转而创作了一个石质版本的热内·弗拉雄雕像，创作时间是1909或1910年（已遗失，只留下照片）。[2] 对比黏土和石质这两个版本可以发现，石质版本采用了直接雕刻法，是布朗库西技法过渡阶段的力证。这一阶段缺乏其他翔实的证据，但确是一个分水岭：在此之前，布朗库西深受学院派风格束缚；之后，他逐渐成为巴黎先锋派雕塑家中的先驱人物。

创作卵形雕塑《沉睡的缪斯》的多个版本时，布朗库西使用了极简手法，这种手法同样大胆，且更微妙。简化过程有条不紊，写实元素逐渐线条化，抽象化，因此，早期版本仍然能表现出男爵夫人的特征。1917或1918年前后，布朗库西又创作了两个版本，分别是《沉睡的缪斯（二）》（时间标记为1920年）和《沉睡的缪斯（三）》（时间标记为1917至1918年），两者的具体时间顺序不确定。《沉睡的缪斯（二）》又包含两个版本，一个是雪花石膏，另一个是大理石，人物特征比《沉睡的缪斯（三）》

---

1 巴尔布·布雷济亚努，《布朗库西在罗马尼亚》，第230—31页。
2 巴尔布·布雷济亚努，《布朗库西在罗马尼亚》，第230—31页。

更抽象，也更凝练。[1]

马吉特·波嘉尼雕像的多个版本和毕加索的《阿维尼翁的少女》是巴黎现代主义及其革命精神最典型的象征，但这两件作品的缘起却神秘莫测。毕加索的这件杰作大概完成于 1907 年，但他决定将其雪藏，1916 年才公开展出。即便如此，他的朋友们和大众都对这件作品反应冷淡。1922 年，女装设计师兼收藏家雅克·杜塞（Jacques Doucet）斗胆买下了这幅画，3 年后，安德烈·布勒东（André Breton）将其发表在 6 月出版的《超现实主义革命》（*La Révolution Surrealiste*）杂志上。但直到 1937 年，这幅画才真正与公众见面，随后运往美国并保存至今。[2] 毕加索十分清楚这幅画的历史地位：

> 通过这幅画，他达到了自己的目的，证明他是波德莱尔（Baudelaire）所说的*现代生活的画家*，而且远远超越了这一领域，他因未能获得应有认可而感到痛苦，并非满足。[3]

布朗库西与马吉特·波嘉尼初次见面的情形，我们所知甚少。似乎在 1910 年 7 月 1 日，波嘉尼在一个朋友的陪

---

1 弗雷德里克·泰贾-巴赫（Frederich Teja-Bach），玛吉特·罗厄尔（Margit Rowell），安·特姆金（Ann Temkin），《康斯坦丁·布朗库西，1876—1957》，展览目录，巴黎国家现代艺术博物馆，1995，第 102—5，164—5，198—9 页。
2 菲利普·蒂博（Philippe Thiébaut），《毕加索的作品被征收遗产税》（*Picasso œuvres reçues en paiement des droits de succession*），巴黎，1979，第 50 页。
3 约翰·理查森，《毕加索传，第二卷：1907—1917》，纽约，1996，第 43 页。

同下首次参观了布朗库西的工作室[1]。据布朗库西的罗马尼亚朋友 V.G. 帕莱奥洛格所述:"应布朗库西邀请,奥蒂利娅·科斯穆扎带着波嘉尼小姐前去拜访。布朗库西爱上了波嘉尼,因为她的眼睛很特别。"[2] 帕莱奥洛格对波嘉尼体形的描述有些怪诞:

> 胳膊长得出奇,摆放胳膊的方式显得很小家子气。她显然有自知之明,因此总是尽可能弯着手臂。此外,她直挺挺地或是斜着肩坐在椅子上的样子也能藏拙,因为她走起路来像只鸭子。[3]

直到 1952 年,马吉特·波嘉尼才在一封信里写道,她与布朗库西第一次见面是在 1911 年,布朗库西邀请她去工作室参观他的作品:

> 我是和一个朋友一起去的。他向我展示了他的雕塑。其中有一个白色大理石头像特别吸引我。看不出那雕像和我有半点相似,但我觉得那就是我。全是眼睛。[4]

---

[1] 多依娜·莱姆尼,《布朗库西》,雅西,2005,第 56 页。
[2] V.G. 帕莱奥洛格,《布朗库西,布朗库西(二)》,1976 年手稿,第 110—14 页,桑达·米勒译。
[3] V.G. 帕莱奥洛格,《布朗库西,布朗库西(二)》,第 110—14 页。
[4] 纽约现代艺术博物馆收藏的这两封信首次由西德尼·盖斯特(Sidney Geist)发表于《布朗库西雕塑研究》(*Brancusi: A Study of the Scupture by Sidney Geist*),伦敦,1968,附录 11,第 190—92 页。

还有一封信,日期为1953年8月4日,是写给纽约现代艺术博物馆馆长小艾尔弗雷德·H. 巴尔(Alfred H. Barr Jr)的。信中她改口说,她第一次造访布朗库西工作室的时间是1910年7月。1910年12月和1911年1月,她为布朗库西做模特,此后不久就离开了巴黎。[1] 上一封信中,她也提到过做模特的事情:

> 我很希望布朗库西照我的样子做雕像,问他是否同意。听到我的提议,他很高兴,对费用的事情闭口不谈,说我用什么答谢都可以……我给他做了几次模特。每次他都做成一个新的黏土像。每个都非常漂亮,很像我本人,但每次他都笑一笑,把黏土像扔回工作室角落的黏土箱里。我觉得很失落。一次,他只专注于我的手,但姿势和之前的半身像大相径庭,他只是想把我的手的样子记在心里,因为我头部的样子他早已了然于胸。[2]

如《沉睡的缪斯》所示,1907年,布朗库西仍然在实验直接雕刻法,一个接一个创作黏土雕塑。至于那些卵形雕像,他总是先雕成一个,然后翻模铸成之后的青铜版本。

和《沉睡的缪斯》一样,极简主义手法也见诸《波嘉

---

[1]《布朗库西雕塑研究》,第190—92页。
[2]《布朗库西雕塑研究》,第190—92页。

尼小姐》的各个版本。从最早的 1913 年的多个版本，经过数种版本的《波嘉尼小姐（二）》，最后到 1931 年的《波嘉尼小姐（三）》的多个版本，所有作品都使用了严格的简化手法。[1]

照热内·弗拉雄和马吉特·波嘉尼创作的雕像的区别在于，《沉睡的缪斯》这件领首头像惟妙惟肖地刻画了弗拉雄这位年轻贵族的高傲神态，而《波嘉尼小姐》则不然，因为这件作品使用了不同的创作技法。1913 年，《波嘉尼小姐》被带去纽约参加著名的军械库展览会。这件作品和马塞尔·杜尚（Marcel Duchamp）（布朗库西的朋友，也当过他的经纪人）的《下楼梯的裸女》（*Nude Descending a Staircase*）一同因**饱受非议**而声名大噪。这点并不让人意外。即便把《波嘉尼小姐》和其本人的照片放在一起，也很难看出两者之间的相似之处；同样，杜尚的画作中也看不出任何痕迹表明其灵感来源是朱尔·拉福格（Jules Laforgue）的诗歌。马吉特·波嘉尼初次造访布朗库西工作室时，看到雪花石膏雕像《那喀索斯》（*Narcissus*）后评价"我觉得那就是我。全是眼睛"。据说布朗库西看着波嘉尼，回应说"太高兴了，我找到知音了"。随后，他创作了一座雕像，很像神秘的雪花石膏头像《那喀索斯》（已遗失）[2]，

---

[1] 桑达·米勒，《康斯坦丁·布朗库西作品研究》，第 135 页。
[2] 桑达·米勒（Sanda Miller），《康斯坦丁·布朗库西作品研究》，第 137—8 页。

而不像波嘉尼本人。[1]

1913年，布朗库西选出了5件作品去参加纽约军械库展览会：石膏版《波嘉尼小姐》（已遗失）、《沉睡的缪斯（一）》、《缪斯》(*A Muse*)、《吻》和大理石雕像《年轻女孩的身躯》(*Torso of a Young Girl*)。[2]《时尚》(*Vogue*)杂志编辑兼记者弗兰克·克劳宁希尔德（Frank Crowninshield）写了一篇文章，题为"饱受非议的1913年军械库展览会"，1940年发表于该杂志上。这篇文章回顾了当时令人难以忘怀的盛况：成千上万的"纽约人感到困惑，争论不休"，因为他们初次目睹了塞尚、土鲁斯-劳特累克、修拉（Seurat）、梵高（Van Gogh）和亨利·卢梭（Henri Rousseau）的绘画，还有布朗库西、阿尔西品科（Archipenko）、莱姆布鲁克（Lehmbruck）、布德尔和马约尔（Maillol）的雕塑。在纽约展出之后，展品移步芝加哥，在这里同样被嗤之以鼻，有人"指责其为精神错乱的江湖骗子的把戏"。最后，巡回展览"在波士顿宣告终结，或许因为这里的古老家族温文尔雅，矜持内敛，对这些作品不感兴趣；只有一个颇有名气的精神病学家意趣盎然，他声称马蒂斯和毕加索都患有妄想症，且处于病程晚期，无可

---

[1] 多依娜·莱姆尼，《布朗库西》，第56—7页。
[2] 亚历山大·伊斯特拉蒂，纳塔利娅·杜米特雷斯库，《布朗库西》，图60，《沉睡的缪斯（一）》，1908，大理石，第283页，图70；《缪斯》，1912，大理石，第286页，图73；《波嘉尼小姐》，1912，石膏，第286页，图74；《年轻女孩的身躯》，1913，第286页，图60；《吻》，1912，石质，第286页。

救药"。[1]

这是布朗库西第一次遭受媒体和公众嘲弄,但绝不是最后一次。1920年,在巴黎自由人沙龙上,马蒂斯或毕加索(具体是哪一位存有争议)对《公主X》(Princess X)雕像冷嘲热讽,惊叫道:"这是个阴茎啊!"而据我们现在所知,这件作品的灵感来源是布朗库西的模特玛丽·波拿巴(Marie Ponaparte)。结果,展览正式开幕前,主办方就把这座雕像撤掉了。[2]

"饱受非议的"军械库展览会和后来的自由人沙龙展览会之间的关联在于,布朗库西参展的都是雕像作品,而且是女性雕像作品。玛丽·波拿巴是皇帝拿破仑一世(Napoleon I)的曾侄女,也是丹麦乔治王子(Prince George)的妻子,富可敌国。她在布朗库西生活中扮演的角色影影绰绰。关于她的雕像的缘起,只有布朗库西本人给出的信息可以参考。布朗库西对她的印象不算太好:

> 从巴黎来了位女士,是个公主,坚持让我雕刻她的半身像。你知道,我一向对半身像没有自信,很惶恐,很痛苦。她不理解,对我撒娇,请我破个例。她上半身很漂亮,但腿

---

[1] 弗兰克·克劳宁希尔德,"饱受非议的1913年军械库展览会"(The Scandalous Armory Show of 1913),《时尚》,1940年9月,《军械库展览选集》(The Armory Show Anthology),纽约,1972,第69—116页。
[2] 亚历山大·伊斯特拉蒂,纳塔利娅·杜米特雷斯库,《布朗库西》,第130页。

很丑,而且极度虚荣。她一直照镜子,吃午饭时也是如此……特意把镜子放在餐桌上,偷偷地瞄自己。她虚荣,俗气。我并未刻画模特的内心欲望的打算,你是不是觉得这是潜意识行为?我不相信心理分析。[1]

上述两个例子表明了布朗库西对待人物雕像的态度,尤其是对待女性雕像的态度。现在回头来看,有个规律很有趣,布朗库西几乎从不雕刻男性朋友的塑像,只有1902年他为好友扬·杰奥尔杰斯库-戈尔扬制作的学院派气息浓厚的雕像是个例外。记者罗杰·德维涅(Roger Devigne)当时正在就1920年自由人沙龙上发生的事情为《新时代》(L'Ere Nouvelle)杂志撰稿,时值布朗库西被迫将《公主X》从展览会上撤下。布朗库西对此事的评价饱含怨怼:

> 你知道,我的那件雕像是女人,是女人的集合体,凝聚了歌德的永恒女性的精华……我觉得,我终于成功突破了材料的限制。而且,这么漂亮的材料,为眼睛、头发、耳朵挖出洞洞,太可惜。我的材料太漂亮了,柔软的线条闪闪发光,和纯金的一样,象征着世界上所有女性形象的原型。[2]

---

[1] 彼得·潘德雷亚,《肖像画争鸣》,第169页。
[2] 亚历山大·伊斯特拉蒂,纳塔利娅·杜米特雷斯库,《布朗库西》,巴黎,1986,第131—2页。

这段评论很重要，很好地解释了布朗库西与众不同的雕像技法：他叫这件作品为《公主X》，是为了故意抹除模特的身份。看到这件作品的人会想，这位神秘的公主是谁？最后，经过进一步打磨，布朗库西于1909年创作了一件早期石雕的最终版本，叫作《梳头的女人》(*Woman Combing Her Hair*)（已遗失）。尼娜·哈姆内特（Nina Hamnett）声称，曾在布朗库西工作室见过这件作品。据此，我们通常认为，这是迈向《公主X》的第一步：

> 我听说他完成了一尊公主雕像。14年前，我见过他创作的一个大理石雕像，那是个女人，非常漂亮，头微微偏向一侧，裸露着上半身。这件雕像他一遍遍打磨，变得很抽象，很像戈迪埃-布尔泽斯卡（Gaudier-Brzeska）创作的埃兹拉·庞德头像。[1]

1916年，布朗库西把《公主X》的两个版本（一个大理石、一个青铜）送往纽约现代美术馆参展。为这次展览，他专门给这两件作品取名为《P. D. K. 女士雕像》(*Portrait de Madame P. D. K*)，这个名字的含义至今无人知晓。美术馆馆长马里乌斯·德萨亚斯（Marius de Zayas）告诉约翰·奎因（John Quinn），布朗库西的模特其实是玛丽·波

---

[1] 尼娜·哈姆内特，《大笑的身躯》(*Laughing Torso*)，伦敦，1932，第123页。

拿巴。一年后,青铜版雕像在纽约独立展览会上展出,"波拿巴公主雕像"(Portrait de la Princess Bonaparte)。[1] 神奇的是,1917年4月10日至5月6日,这件雕像在纽约独立艺术家社团展出时,马塞尔·杜尚的《泉》(Fountain)完全盖过了它的风头。或许正因为如此,布朗库西的雕像好似阴茎这一点竟无人提起,当然,也可能是因为公众已逐渐习惯了它的样子。后来,约翰·奎因买走了这件作品,当时其公开的名字正是《波拿巴公主雕像》(Portrait of Princess Bonaparte)。[2]

这件作品究竟在何种程度上象征了女性形象的原型,并不如想象中那么好回答。布朗库西的女模特包括艾琳·莱恩(Eileen Lane)、小尤金·迈耶夫人(Mme. Eugène Meyer Jr)、南希·丘纳尔(Nancy Cunard)和莱奥妮·里库(Léonie Ricou)。艾琳·莱恩是个光彩照人的爱尔兰裔美国人,她与布朗库西的关系很让人费解。布朗库西有件作品像个小头朝下站立的鸡蛋,顶端的凸起十分滑稽。她矢口否认这是她本人的雕像。尤金·迈耶变成了勃起的阴茎。若非要从中找些传统意义上的雕像的意味,仅是这件作品分成了三个独立的部分,只有带着极大的善意才能将其看

---

[1] 弗雷德里克·泰贾-巴赫,玛吉特·罗厄尔,安·特姆金,《康斯坦丁·布朗库西,1876—1957》,第138页。
[2] 马里耶勒·塔巴尔,"'公主'的化身"(Les Avatars de la 'Princess X'),《布朗库西工作室手册》(Les Carnets de l'Atelier Brancusi),系列及单独作品,巴黎蓬皮杜艺术中心国家艺术文化中心,1999,第8—13页。

作迈耶的头、脖子和上身。南希·丘纳尔化身成为半个卵形,独腿站立,扭曲的花饰与卵形的顶端相连,或许暗示了她不被看好、如履薄冰的生命。最有趣的是一个木质图腾柱雕像,手拿平底锅,头顶簇成一髻,布朗库西声称这是美丽的莱奥妮·里库。[1]

1907年,毕加索正在创作的《阿维尼翁的少女》对他本人意义重大。同样,对布朗库西来说,这一年也是他职业生涯中技巧和风格改头换面的一年。布朗库西逐渐走出孕育了《祈祷者》的罗丹风格阶段,也在逐步摆脱作品中蕴含的塞尚的影响,开启了革命性的"直接雕刻"技法,从而成就了《吻》系列作品。当时,如果布朗库西的朋友们看到这个系列作品,一定会深感不安,但他选择将它们雪藏。创作这些作品的背景和时间顺序都不甚明朗。从1907年(通常认为这是克拉约瓦博物馆收藏版本的创作日期)到1945年,布朗库西至少雕刻了《吻》系列作品的8个版本。[2] 其中只有一个全身版本,很可能是最早一版,但人们一致将其创作时间确定为1908年,比克拉约瓦博物馆版本晚一年。[3] 这个全身版本的创作背景我们所知甚少,只能得知,1911年12月,这件雕像出现在了年轻的俄国

---

1 桑达·米勒,"布朗库西的女人们"(Brancusi's Women),《阿波罗》,2007年3月,第56—63页。
2 桑达·米勒,《康斯坦丁·布朗库西作品研究》,第103—4页。
3 雅典娜·斯皮尔(Athena T. Spear),"布朗库西大事年表拾遗"(A Contribution to Brancusi Chronology),《艺术简讯》(*Art Bulletin*),第48期,1966年3月,第45—9页。

学生谭雅·拉切夫斯卡娅（Tanya Rachewskaia）的墓地上。拉切夫斯卡娅因单相思恋情而自杀，她的未婚夫罗马尼亚医生所罗门·马尔巴伊斯（Solomon Marbais）直接从布朗库西手中买下这件雕像，放在了她的墓前。[1]

马蒂斯、德兰、弗拉芒克和毕加索都争先恐后地自诩首先"发现"了非洲艺术，而布朗库西却暗自进行着他的艺术实验，对此我们至今仍知之甚少。达尼埃尔-亨利·卡恩魏勒（Daniel-Henri Kahnweiler）高调宣称，1907年，先锋艺术家"发现"了部落艺术："1907年前后，几位画家及其友人从撒哈拉以南非洲和大洋洲收集了纷繁芜杂的雕塑，并从中汲取养分。"[2] 当然，当时的情况要复杂得多，让·洛德（Jean Laude）1968年发表的《法国绘画（1905—1914）与"黑人艺术"》（*La Peinture français (1905-1914) et 'l'art nègre'*）中对此有所描述。不过，马蒂斯、德兰、弗拉芒克或毕加索，究竟是谁最先购买了部落艺术品已经不那么重要了。更重要的是，当时出现了一系列事件，"导致了非洲'大发现'，这一发现快速抵达艺术家们的工作室"。几乎在同一时间，"多位画家发现了

---

[1] 巴尔布·布雷济亚努，《布朗库西的神秘之所》，《卢浮宫（一）》，1969，第25—30页。
[2] 达尼埃尔-亨利·卡恩魏勒，"黑人艺术与立体主义"（L'Art nègre et le cubisme），《非洲的存在》（*Presence Africaine*），第3期，1948，第267页，再版于《美学自白》（*Confessions esthetiques*），巴黎，1963。

'黑人',但他们都认为自己的体验是独一无二的"。[1]

1907至1908年间,布朗库西创作《吻》最初几个版本的同时,还雕刻了一系列类似面具的头像(如今只留有照片)。其中最重要的一个是《女孩头像》(The Head of a Girl)。其照片于1925年发表于《本季》(This Quarter)杂志专门致敬布朗库西的增刊上,配有文字"第一件直接石刻 190"(年份的最后一位数字无法辨识)。

此后,布朗库西继续对他的直接雕刻实验秘而不宣,因此,他于1907至1908年间创作的蹲伏女性雕像《大地的智慧》神秘感十足,我们对这件作品的创作情形一无所知。1910年,这件作品在布加勒斯特"青年艺术家"社团举办的展览会上首次展出,媒体对其毁誉参半。贬斥这件作品的人包括他在布加勒斯特美术学院学习时的美学教授亚历山德鲁·齐加拉-萨穆尔卡什(Alexandru Tzigara-Samurcaş)。随后,这件作品被工程师格奥尔基·罗马什库(Gheorghe Romaşcu)买下。此前,布朗库西的画家朋友格奥尔基·彼得拉什库(Gheorghe Petraşcu)曾联系布朗库西,支持罗马什库买下这件作品。之后,布朗库西写信给彼得拉什库,说自己很高兴看到罗马什库出手购买,希望

---

[1] 让·洛德,《法国绘画(1905—1914)与"黑人艺术"(野兽派和立体主义起源研究)》,巴黎,1968,第102—3页。

他能及时付款[1]。

1910年，罗马尼亚媒体给予了《大地的智慧》极大的关注[2]，正是因为这件作品不同凡响，相反，尽管巴黎是《大地的智慧》的创作环境和灵感之源，这件作品却在那里默默无闻。形式研究或许恰好能够解释这件作品的灵感来源：埃及艺术。埃及艺术同样激发了布朗库西创作《吻》系列作品，此前未曾有人想到这一点。埃及艺术的痕迹在《吻》半身像版本中尤其明显。曾有人拿这件作品和安德烈·德兰的《蜷身像》（Crouching Figure）进行形式上的比较。1907年秋，《蜷身像》在达尼埃尔-亨利·卡恩魏勒美术馆开幕式上首次亮相时，布朗库西一定看到了这件作品。当时德兰正从非洲艺术中汲取养分，布朗库西则在埃及艺术中寻找灵感。卢浮宫里随处可见始于古王国时期的埃及"立方雕像"，布朗库西作品与它们的相似之处显而易见。此外，《吻》系列作品和《大地的智慧》处理头发的方式是另一力证，它们都梳向背后，下垂的纹路笔直平行，就像埃及的假发。[3]

直到1913至1914年前后，布朗库西对非洲艺术的兴趣才浮出水面。此时他刚刚开启艺术生涯中风格的新篇章，

---

[1] 亚历山大·伊斯特拉蒂，纳塔利娅·杜米特雷斯库，《布朗库西》，图47：《大地的智慧》，第281页。
[2] 巴尔布·布雷济亚努，《布朗库西在罗马尼亚》，第115—17页。
[3] 桑达·米勒，《康斯坦丁·布朗库西作品研究》，第72—7页。

非洲艺术的影响功不可没。分析布朗库西的木质雕塑之前，有必要提一下他对动物世界的热爱。他艺术生涯晚期才表现出这一癖好，同时代艺术家鲜有这种偏爱，除了毕加索。布朗库西的**作品**中有各种各样的鸟兽：神鸟［《麦雅斯特拉》（*Maiastra*）］、小鸟［《幼鸟》（*oiselets*）系列］、飞翔的鸟、鱼、海豹、企鹅、行走的乌龟、飞翔的乌龟、雄鸡，还有一个难辨身份的夜行生物［《夜兽》（*La Bête nocturne*）］。《夜兽》是木雕，背部隆起，风格简约，好似夜间惶恐不安的生灵，独自寻找食物和庇护，布朗库西充分表现了这种生物的气质和神秘。

围绕鸟这一主题，布朗库西创作了各式各样的作品，可见这一系列对他来说意义非凡。这些作品总数在34至43件之间，对具体数字学界尚有分歧。[1] 更重要的是，这一系列作品与《波嘉尼小姐》系列和卵形雕塑一样，都彰显了布朗库西对极简主义的运用。

鸟系列作品中最早出现的是《麦雅斯特拉》，有7个版本，创作于1910至1913年间。[2] 其灵感来源尚不清楚，因而激发了各种阐释，但布朗库西的艺术表现似乎和罗马尼

---

[1] 雅典娜·斯皮尔，《布朗库西的鸟》（*Brancusi's Birds*），纽约，1969。
[2] 亚历山大·伊斯特拉蒂，纳塔利娅·杜米特雷斯库，《布朗库西》，第284—6页：1.《麦雅斯特拉（一）》，白色大理石，1910，图64，第284页；2.《麦雅斯特拉（二）》，抛光青铜，1911，图65，第285页；3.《麦雅斯特拉（三）》，1911，镀金青铜，图68，第285页；4.《麦雅斯特拉（四）》，抛光青铜，图72，第286页；5.《麦雅斯特拉（五）》，抛光青铜，1912，无图，第286页。

亚童话故事里的神鸟有关联。大约正是如此,他才坚持使用罗马尼亚语词 Măiastra 来命名这些雕塑。[1] 布朗库西的朋友卡萝拉·吉迪恩-韦尔克如此描述《麦雅斯特拉》:"神鸟指引彷徨者找到他的恋人。"这或许恰是布朗库西自己的解读,指明了这一作品的来历。布朗库西把后来的几个版本称作《空间之鸟》(*The Bird in Space*),吉迪恩-韦尔克认为这说明布朗库西试图表达飞翔这一抽象概念,她随即援引布朗库西本人的话说,"我一生都在努力捕捉飞翔的本质",这进一步证实了《麦雅斯特拉》和罗马尼亚神鸟的关系。[2]

《金鸟》(*The Golden Bird*)有三个版本,第二个版本更简洁,构成了从《麦雅斯特拉》到简约版《金鸟》的过渡。毫无疑问,《麦雅斯特拉》仍是一只鸟,脖子伸长,顶着小小的脑袋和嘴巴,圆滚滚的肚子下是三脚支架,那是两条腿和尾巴。后来的《金鸟》中,头和嘴都消失了,只剩下竖直的脖子和紧随其后的身体,而腿和尾巴都融合在身体里。从《金鸟》到梭形的《空间之鸟》,布朗库西只向前迈进了一步,他告诉吉迪恩-韦尔克,自己达成了既定目标。然而,布朗库西在激进艺术上的进步又一次招致了荒

---

[1] 桑达·米勒,"时光倒流:麦雅斯特拉"(In illo tempore: Măiastra),《布朗库西工作室手册》,系列及单独作品,巴黎蓬皮杜艺术中心国家艺术文化中心,2001,第 13—20 页。

[2] 卡萝拉·吉迪恩-韦尔克,《当代雕塑:体积和空间的演变》(*Contemporary Sculpture: An Evolution in Volume and Space*),修订版,伦敦,1961,第 138 页。

诞无稽的讽刺挖苦：美国海关给布朗库西开出了罚单。这件事发生在1926年，布朗库西将雕塑运往纽约布鲁默美术馆参展，海关对一个青铜版本的《空间之鸟》征收250美元的税款，因为当局认为这是一个"实用物件"，不是艺术品。布朗库西因此出庭，随后赢了官司。这件事情广为流传，成了现代主义战胜无知平庸的标志性事件。

布朗库西过着苦行僧般的生活，严格遵守工作伦理规范，但也喜欢优游于巴黎艺术界。亨利·瓦罗基耶（Henri de Waroquier）回忆道：

> 1910年前后，我在圆亭咖啡馆见到他，仅仅数小时相处，就让我意识到这是一个真实的人。他对生活的热情，超越了任何其他现代艺术家。他有一种普遍生活意识。我认识他时，他住在蒙帕纳斯街54号。他几乎每天都来圆亭咖啡馆，会见马克斯·雅各布、安德烈·萨尔蒙（André Salmon）、雕塑家冈萨雷斯（Gonzarez）、毕加索、德兰、苏蒂纳（Soutine）、莫迪利阿尼、德洛奈（Delaunay）、布莱兹·桑德拉尔（Blaise Cendrars）及其他艺术家和作家。[1]

其中，亨利·梭罗（被称作"海关职员"）、阿梅代·

---

[1] 约内尔·日亚努，《康斯坦丁·布朗库西》，第37页。

莫迪利阿尼与布朗库西过从甚密。布朗库西回忆道："我和马蒂斯、埃里克·萨蒂、莫迪利阿尼成了朋友,和纪尧姆·阿波利奈尔尤其要好,他的死是现代艺术的巨大损失。他是位优秀的同志。"[1] 但我们发现,阿波利奈尔自己留下的文字很少提及布朗库西。其中一篇很有意思,显露了放荡不羁的艺术家荒诞的一面,这一面让艺术家的名声更加不堪。这篇文章集中关注龙桑小巷,那时,布朗库西尚未入住其中。这篇文章的题目是"龙桑小巷的俄国画家——臭名昭著的施泰因海尔谋杀案审判真相"。这篇文章为《固执报》(*L'Intrasigent*) 撰写,落款日期为 1910 年 10 月 31 日,写的是一个著名的神秘谋杀案。阿波利奈尔之所以关注这个离奇案件,仅仅是因为它涉及野兽派艺术家,情形怪诞。玛格丽特·施泰因海尔(Marguerite Steinheil)被指控杀害了她母亲和丈夫——画家阿道夫·施泰因海尔(Adolphe Steinheil),作案地点是其位于龙桑小巷的别墅,作案时间是 1908 年 5 月 30 日夜晚。审判在 1909 年 11 月进行,玛格丽特做了无罪辩护,声称凶手是入室盗窃者,他们穿着从犹太剧院偷来的利未犹太服装。法庭宣布施泰因海尔太太无罪,直到阿波利奈尔写这篇文章时,案子还没有破。

---

1 彼得·潘德雷亚,《肖像画争鸣》,第 160 页。

谁说施泰因海尔案结案了？……俄国画家们刚刚重启调查。我承认，龙桑小巷的盛况正等待我去展示，内心最波澜不惊的人也会驻足围观。众所周知，愤恨的情绪在那个庭院里隐隐流动，我看到了一群人，无疑是俄国人或波兰犹太人，穿着利未服装，游荡于其中。我走上前去，凝视他们的面容，突然明白了施泰因海尔案的真相。那群人看似乌克兰犹太人，其实是法国画家，其中我认识的有（按照我回忆起的循序）亨利·马蒂斯先生、奥顿·弗里斯（Othon Friesz）先生、玛丽·洛朗森女士、唐吉（Dongen）先生、阿尔西德·勒博（Alcide le Beau）先生。还有雕塑家布德尔先生。[1]

阿波利奈尔认为，他们到场的原因是：

这些非同寻常的凶手来到施泰因海尔先生的画室展出他们的画作。为了满足幻想，这些画家选择波兰民族服装作为伪装，为了给这种幻想画一个圆满的句号，他们甚至邀请了一些俄国和波兰艺术家与他们一同展出作品。[2]

值得一提的是，这次装腔作势的变态群体展出过程中，

---

[1] 纪尧姆·阿波利奈尔，"龙桑小巷的俄国画家——谋杀案审判真相：施泰因海尔案"（The Russian Painters in the Impasse Ronsin — The Truth About the Steinheil Case），1910年10月31日，《阿波利奈尔的美术：论文和评论，1902—1018》（Apollinaire on Art : Essays and Reviews , 1902—1918），20世纪美术档案，伦敦，1972，第115—16页。
[2] "龙桑小巷的俄国画家"，第115—16页。

有一位客人叫纳德尔曼（Nadelman），他的作品深得阿波利奈尔赞许：

> 雕塑家埃利·纳德尔曼展出了一些素描，精妙的技法中透露着高贵和优雅的格调，让他有资本作为艺术家而骄傲，但他尚且籍籍无名，无人理睬他对希腊伟大雕塑传统的延续。[1]

纳德尔曼（1882—1946）是波兰犹太人，毫无疑问，满足野兽派代表团荒诞不羁的邀请条件，于是他来到位于龙桑小巷的施泰因海尔别墅参展。和毕加索、布朗库西一样，纳德尔曼也是在1904年从祖国来到巴黎。1909年4月，他在巴黎德吕埃画廊完成了首场重要展览，展出了"至少35或36件雕塑（13件头像，其余是裸体像），至少26幅素描，至少5件浮雕板，展品大致可分为这三类"[2]。这些作品对巴黎年轻艺术家冲击巨大。当时，约瑟夫·布鲁默（Joseph Brummer）（即将成为布朗库西在纽约的经纪人）正在巴黎跟随罗丹学习。他告诉现代艺术博物馆的建筑师菲利浦·古德温（Philip Goodwin），马蒂斯"曾有一个

---

[1] "龙桑小巷的俄国画家"，第115—16页。
[2] 雅典娜·斯皮尔，"埃利·纳德尔曼的早期头像，1905—1911"（Elie Nadelman's Early Heads (1905—1911)），《艾伦纪念美术博物馆手册》（Allen Memorial Art Museum Bulletin），第XVIII卷，第3期，1971年春季，第208页。

工作室位于他执教的**奥尔良大道**上,时间不长",他在工作室墙上贴了一句标语:"此处禁止谈论纳德尔曼。"[1] 5 年后,纳德尔曼在巴黎发表了一部作品集,名叫《迈向造型单元》(*Vers l'unité plastique*),包含大约 50 幅素描摹本。1921 年,这部作品集再版,题目改为《迈向造型之美》(*Vers la beauté plastique*)。纳德尔曼已经意识到他在巴黎美术界没有得到足够的认可,因此,他在这部作品集中写道:

> 这些素描创作于 16 年前(大约是 1905 年),完全革新了我们那个时代的美术。它们把抽象形式引入绘画和雕塑,当时,这种形式完全不为人知。立体主义只不过是对这些素描的抽象形式的模仿,却没有在造型艺术中获得足够的重视。[2]

纳德尔曼的一个石膏头像(遗失或毁坏)表现了这些复杂的技法,只有德吕埃画廊展览上拍摄的一张照片保留了这个头像的影像。毕加索在纳德尔曼工作室看到了这个头像,他 1909 年的雕塑作品《费尔南德头像》(*Head of Fernande*)明显受到了纳德尔曼作品的影响。[3] 费尔南德·奥利维耶在他 1933 年出版的《毕加索和他的朋友们》(*Picasso et ses amis*)一书中特别指出,"埃利·纳德尔曼是

---

[1] 林肯·柯尔斯坦(Lincoln Kirstein),《埃利·纳德尔曼的雕塑》(*The Sculpture of Elie Nadelman*),纽约,1948,第 18 页。
[2] 雅典娜·斯皮尔,《纳德尔曼的早期头像》,第 206 页。
[3] 林肯·柯尔斯坦,《埃利·纳德尔曼的雕塑》,第 11—12 页,注释 70。

个波兰雕塑家,他才华横溢,他的作品现也加入施泰因家丰富的藏品中",纳德尔曼和毕加索成了好朋友,此事意义重大。[1]

1909至1914年是布朗库西艺术发展的关键时期,其间纳德尔曼和阿梅代·莫迪利阿尼(1884—1920)都对他产生了重要影响。布朗库西和莫迪利阿尼的关系尤为密切,莫迪利阿尼36岁时英年早逝,给这份友谊画上了句号。这三位艺术家之间的相互影响在1909年浮出水面,而布朗库西是其中的核心。在布朗库西的影响下,莫迪利阿尼开始创作雕塑,在1909至1915年创作了大量雕塑作品。到目前为止,已证实有25件作品出自莫迪利阿尼之手,但这可能仅仅是"他作品中的一小部分"[2]。安德烈·萨尔蒙回忆道,莫迪利阿尼是布朗库西工作室的常客:

> 莫迪利阿尼时常造访……布朗库西位于沃日拉尔路的工作室,他永远穿着那件法兰绒外套,双手插在口袋里,天蓝色的画板永远挂在腰间……布朗库西不给建议,不授课。但莫迪利阿尼在此获得了空间几何的思想,这种思想与常规教授的内容不同,也迥异于当时现代工作室中的表现形式。雕塑深深诱惑着莫迪利阿尼,他尝试了一下,但在布朗库西工

---

[1] 约翰·理查森,《毕加索传,卷二》,第146页。
[2] 艾尔弗雷德·沃纳(Alfred Werner),《雕塑家莫迪利阿尼》(*Modigliani the Sculptor*),伦敦,1965,第25页。

作室的那些日子里见识的东西,他只对拉长人体形象感兴趣,这直接影响了他绘画中的人体形象。[1]

评论家阿道夫·巴斯勒(Adolphe Basler)的叙述非常精当,指出了纳德尔曼而非布朗库西对莫迪利阿尼的影响:

> 莫迪利阿尼似乎[在1909年]放弃了绘画。黑人雕塑让他着迷,毕加索的艺术让他痛苦。这时,波兰雕塑家纳德尔曼在德吕埃画廊展出了他的作品。曾任《白色评论》(*Revue Blanche*)编辑的纳坦松(Natanson)兄弟提醒纪德(Gide)和[奥克塔夫·]米拉博(Octave Mirabeau)注意这位才华横溢、新露头角的艺术家。纳德尔曼的艺术实验还让毕加索感到不快。事实上,纳德尔曼的素描和雕塑中的球体分解原则早于毕加索的立体主义实验。纳德尔曼的雕塑震惊了莫迪利阿尼,给他带来了灵感。莫迪利阿尼转而探索古希腊人创造的艺术形式,以及中南半岛[高棉人]雕塑。这时,中南半岛[高棉人]雕塑逐渐为画家和雕塑家们熟知。莫迪利阿尼还吸收了许多其他艺术形式,而他一直以来最欣赏的还是远东的精美艺术和黑人雕塑的精简比例。[2]

莫迪利阿尼的女儿让娜(Jeanne)也把1909年看作他

---

[1] 引自艾尔弗雷德·沃纳,《雕塑家莫迪利阿尼》,第21页。
[2] 引自艾尔弗雷德·沃纳,《雕塑家莫迪利阿尼》,第22页。

职业生涯的新开端：

> 莫迪利阿尼高度评价对非洲艺术的发掘，认为布朗库西、里普希茨（Lipchitz）、纳德尔曼、梅查尼诺夫（Metchaninoff）的作品都是成功案例，受此影响，他在1909年前后完全投身雕塑艺术，但这种转变绝不是偶然现象。我们都知道，他在法尔吉埃城居住期间，一直渴望成为伟大的雕塑家，他从未放弃这个梦想，也从未放弃绘画。[1]

1909年莫迪利阿尼搬到法尔吉埃城居住。他的工作室位于蒙帕纳斯街一座建筑的二楼，和布朗库西是邻居。他加入了新艺术家团体，这个团体是圆亭咖啡馆、多摩咖啡馆、丁香园咖啡馆的常客。蜂巢工作室和洗衣船类似，位于蒙帕纳斯南部，在屠宰场旁边。这里居住的大多是东欧的艺术家，他们对"巴黎学派"（School of Paris）的创建起到了关键作用：

> 个性鲜明的东欧艺术家住在那里，他们大多是说意第绪语的德裔犹太人，住过贫民窟，经历过迫害和大屠杀；苏蒂纳和克雷梅涅（Krémègne）曾在俄国饱受痛苦和饥饿的折磨，

---

[1] 让娜·莫迪利阿尼，"真实的莫迪利阿尼"（Modigliani sans Légende），《阿梅代·莫迪利阿尼，1884—1920》（*Amedeo Modigliani, 1884—1920*），展览目录，巴黎美术馆，1981，第79页。

蜂巢生活虽然贫困，但相比之下，就像是身处温柔富贵乡。恰加尔（Chagall）从1910年开始就住在那里，算得上是最怪异的蜂巢居民了。他面容苍白，眼上带着妆容，总是在夜晚画梦幻中的维捷布斯克（Vetebsk）和未婚妻贝拉（Bella）。为了不弄脏唯一的一件外套，他绘画时一丝不挂。[1]

1912年，雅各布·爱泼斯坦来到巴黎，以便开展计划安置在佩尔-拉雪兹墓地的奥斯卡·王尔德墓项目。他眼中的莫迪利阿尼"个子不高，相貌英俊"，魅力十足，而且非常健壮，这与常见的说法不同。爱泼斯坦拜访了莫迪利阿尼简陋的住所，留下了感人的记述：

> 当时，他的工作室在一个庭院里，像个破烂的洞窟，他就在这里生活，工作。工作室里有9个或10个长头像，受到非洲面具影响的作品，还有一个雕像。它们都用石头雕刻而成。夜晚，他在每个雕像上面点一根蜡烛，工作室仿佛变成了原始神庙。坊间流传着一个故事，说莫迪利阿尼吸食大麻后，会拥抱这些雕像。莫迪利阿尼似乎晚上从不睡觉。我记得一天晚上，夜深了，我们和他告别后，他沿着小路追上我们，让我们别走，很像一个害怕的孩子。[2]

---

[1] 卡罗尔·曼（Carol Mann），《莫迪利阿尼》（*Modigliani*），伦敦，1980年，第58页。
[2] 雅各布·爱泼斯坦，《自传》（*An Autobiography*），伦敦，1964，第46—7页。

莫迪利阿尼向布朗库西学习的同时，布朗库西深受纳德尔曼的艺术实验启发。纳德尔曼的影响明确表现在布朗库西的一系列卵形雕塑上。[1] 1907 年，布朗库西开始实验直接雕刻法，1908 年获得长足进步，1909 年的《吻》系列作品、《古人像》（*The Ancient Figure*）和《大地的智慧》标志着他的重要突破。此后，布朗库西从这些原始风格过渡到了卵形雕塑。以下作品的出现是这一过渡的里程碑：热内·弗拉雄男爵夫人的雕像和波嘉尼的雕像。若马吉特·波嘉尼的话可信，她为布朗库西做模特促成他的艺术风格在第一个版本的《波嘉尼小姐》中发生了翻天覆地的变化。而且，《波嘉尼小姐》中还蕴含了布朗库西从石质版本的热内·弗拉雄雕像到《沉睡的缪斯》的过渡，这一点已有更详细的记述。[2] 纳德尔曼的影响在首个版本的《波嘉尼小姐》中最明显，可以说，这件作品是纳德尔曼艺术主张的完美呈现。1909 年 4 月，安德烈·纪德参加了纳德尔曼在德吕埃画廊举办的展览的**开幕式**，他在日记中总结了纳德尔曼的艺术理论：

> 纳德尔曼用圆规作画，用长斜方形组合雕刻。他发现，人体的每条曲线都有另一条曲线与之对照，呼应。这些平衡造就的和谐很有定理的味道。最不可思议的是，他的作品都

---

1 桑达·米勒，《康斯坦丁·布朗库西作品研究》，第 123—30 页，注释 78。
2 桑达·米勒，《康斯坦丁·布朗库西作品研究》，第 130 页。

以人体模特为蓝本。[1]

布朗库西用卵形雕塑逐渐完善极简主义技法，同时，他还凭一己之力开启了艺术生涯的新篇章，开始关注新的雕塑材料。1913年，他创作了自己的第一件木雕《第一步》(The First Step)。这件作品的名字是否暗示了布朗库西正在使用新材料的道路上"蹒跚学步"，尚无定论，但这种观点很受欢迎。1914年，这件作品在纽约阿尔弗雷德·施蒂格利茨摄影分离运动艺术馆展出，之后，布朗库西亲手将其毁掉，只留下了头像。此事说明，他对这件作品并不满意。不过，他随后充分利用残存的头像，铸成了几个青铜头像，即《第一声啼哭》(The First Cry)的多个版本。[2]

与此同时，布朗库西经历了另一个重要时刻，这是他个人生活的重大节点，与艺术生涯无关：他离开了位于蒙帕纳斯街54号的工作室，在1916年1月1日乔迁新居，时年42岁。他搬到了龙桑小巷8号，迈出了在此组建工作室群的第一步，这一工作室群将成为他的**艺术综合体**。

---

1 安德烈·纪德，《日记》(The Journals)，纽约，1947，卷一，第234—7页，引自林肯·柯尔斯坦，《埃利·纳德尔曼的雕塑》，第18页。
2 桑达·米勒，《康斯坦丁·布朗库西作品研究》，第175页。

5　龙桑小巷工作室

1916年,布朗库西把家和工作室搬到了龙桑小巷8号,龙桑小巷是沃日拉尔路上的一个死胡同。这是一个套间,一楼有三间房,二楼有一间房,之间有室内楼梯相连。[1] 此时,布朗库西或许已经开始着手构建工作室群,他希望在这里将生活和工作交织在一起,形成一个**艺术综合体**,但他大概尚且无法预见这一设想将产生怎样的影响和效果。布朗库西脱离了贫困、放荡不羁的艺术家生活,来到了物质富足的成功人士的世界。他在这里工作,生活了10多年。1927年7月,一场突如其来的暴风雨淹没了他的工作室,迫使他搬到了小巷对面的11号。此后直到次年1月的时间里,他已在此安顿下来,作好了长久居住的打算。很快,他又拿下了相邻的两套房子。他对《小评论》编辑玛格丽特·安德森(Margaret Anderson)说"来看看我的三间小屋"。值得一

---

[1] 亚历山大·伊斯特拉蒂,纳塔利娅·杜米特雷斯库,《布朗库西》,巴黎,1986,第1页。

提的是，关于布朗库西雕塑的第一篇文章于1921年发表在《小评论》上，作者是这本杂志当时的编辑埃兹拉·庞德。到1941年，布朗库西的"工作室"已有5套房子之大，内部相通，第5套专门用来存放石膏模具和那些他希望保密的作品。[1] 此后数年间，布朗库西都会在此生活，工作，娱乐，展览，内容不断丰富。他希望把这个**艺术综合体**原封不动地留给后人，还将在遗嘱里对其保存方式作出规定。

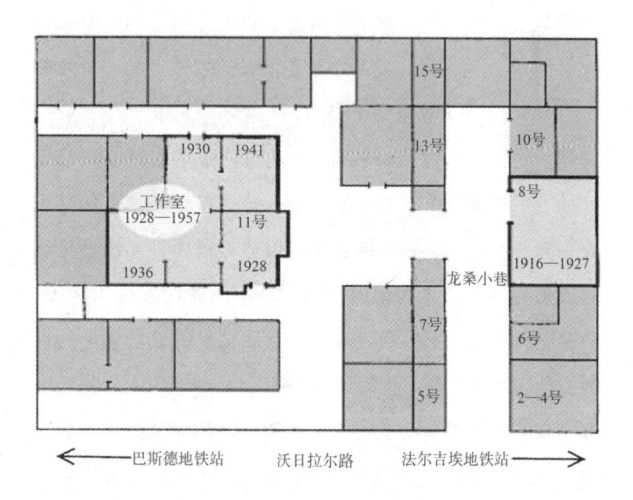

布朗库西搬到龙桑小巷之时，正在用新材料——木头来创作。木头是他很喜欢的材料，因为他能在木雕中重现

---

1 马里耶勒·塔巴尔，"工作室的历史和功能"（Histoire et fonction de l'atelier），《布朗库西工作室藏品》（*La Collection l'Atelier Brancusi*），巴黎蓬皮杜艺术中心，1997，第26—7页。

多种罗马尼亚艺术传统,但这种新材料也最具实验性,因为他能将木雕的角色在底座、家具和雕塑之间随意转换,趣味十足。木头还能用来制作椅子、长凳、板凳和底座,有时候还一物多用。这种范畴转换是布朗库西的新游戏,从中我们可以发现,布朗库西已经能很好地创造"雕塑聚合体",其中有多个底座相互叠加,或是多个底座支撑雕塑,如此一来,不同材料、不同颜色、不同质地的底座能够进行功能轮换。1910 年第一个版本的《麦雅斯特拉》便是绝佳的例子。这件作品先由约翰·奎因收藏,现藏于纽约现代艺术博物馆。约翰·奎因买入时只有一个木质底座,后来又增加了三个石质底座,成了现在的样子。其中一个石质底座有另外一重身份,叫作《女像柱》(The Caryatids),是个独立的但完全没有记录在册的雕塑。目前的雕塑套装中的这三个"底座"似乎都不曾是奎因的藏品。[1] 1953 年,凯瑟琳·S. 德赖尔(Katherine S. Dreier)将这件作品赠予现代艺术博物馆。

毫无疑问,布朗库西的艺术实验深受好友杜尚的影响。杜尚是"现成物品艺术"的创始人。[2] 后来,杜尚成了布朗库西的经纪人,1926 至 1933 年间,在纽约约瑟夫·布鲁默美术馆组织了多场布朗库西作品展。对比布朗库西为这些展出手写的作品清单和杜尚印刷的作品目录,我们发

---

[1] 桑达·米勒,《康斯坦丁·布朗库西作品研究》,牛津,1995,第 178 页。
[2] 桑达·米勒,《康斯坦丁·布朗库西作品研究》,第 178—83 页。

现，杜尚在布朗库西本人的雕塑描述和选定名称的基础上进行了自由发挥。因此，手写版本上的"《木底石质（三件套）》（*Pierre avec socle bois（trois pièces）*）"在印刷版本上变成了"《羞怯》（*Timidity*）。更有趣的是，布朗库西把一个底座称为"《胡桃木凳》"（*Tabouret noyer*），而杜尚把它变成了"《看门狗》"（*The Watchdog*）。作为布朗库西的经纪人，杜尚的行为有时或许是出于经济上的考虑，因为把一个底座变成独立的雕塑会对潜在买家更有吸引力。[1]

布朗库西和杜尚的友谊或许可以追溯到 1912 年，那时布朗库西的《吻》《沉睡的缪斯》和《普罗米修斯》（*Prometheus*）同时在自由人沙龙参展。杜尚和费尔南·莱热（Fernand Léger）（后来也成了布朗库西的好友）出席了展览的筹备预展环节。这三个人都热衷现代技术及其在航空领域的应用。1912 年，他们一同参观了在大皇宫举办的航空发动机沙龙。当时的情景让莱热永生难忘：

> 1914 年大战爆发前，我和马塞尔·杜尚、布朗库西一起参观了航空沙龙。马塞尔常常含而不露，神秘兮兮。他在发动机和螺旋桨之间漫步，一言不发。突然，他转身对布朗库西说："绘画完了，谁的作品能胜过这螺旋桨？你说，你能做螺旋桨吗？"[2]

---

[1] 桑达·米勒，《康斯坦丁·布朗库西作品研究》，第 188 页。
[2] 亚历山大·伊斯特拉蒂，纳塔利娅·杜米特雷斯库，《布朗库西》，第 92 页。

从布朗库西和杜尚的通信中可以看出,两人的友谊快速升温,他们给彼此信件的落款是"莫里斯"(Maurice/Morice)。[1] 这是布朗库西和好友之间才会使用的充满感情的昵称。杜尚回忆道:

> 布朗库西和好朋友们以莫里斯相称。这个名字不是随随便便能用的。你需要有纯洁的心灵才行。我和布朗库西见了两三次面后,他开始叫我莫里斯,我深感荣幸:"你不错。一点也不世故。各个方面都很可靠很优秀,心地善良,才智出众。要想做自己,这点很重要。恰到好处。知道怎样达成目标,有自由的心灵,不循规蹈矩,不自以为是。总是相信直觉,不说大道理。没错没错,你就是个真正的莫里斯。"[2]

杜尚没有让布朗库西失望,事实证明,他是个忠实的盟友。布朗库西的作品在底座、家具和雕塑之间转换,这种范畴游戏技艺纯熟,杜尚对其影响功不可没。在范畴转换观念的基础上,布朗库西工作室群开始向我们熟知的**艺术综合体**方向发展。这种观念的出现和发展阶段有两样主

---

[1] 多依娜·莱姆尼(Doina Lemny),"莫里斯和莫里斯:友谊年表"(Maurice et Morice: chronique d'une amitie),《布朗库西和杜尚》(*Brancusi et Duchamp*),展览目录,巴黎蓬皮杜艺术中心国家艺术文化中心,2000,第21—2页。
[2] 马塞尔·杜尚第一任妻子莉迪·勒瓦索尔(Lydie Levassor)转述,参见亚历山大·伊斯特拉蒂,纳塔利娅·杜米特雷斯库,《布朗库西》,第267页,注释6。

要佐证：访客的描述和布朗库西本人拍摄的照片。

布朗库西非常爱摄影，他为自己的雕塑拍摄的照片数量惊人。布朗库西相册包含560张底片（大多是玻璃底片）和1250张照片，这些照片是布朗库西用现存的或遗失的底片冲洗出来的。[1] 值得关注的是，布朗库西的朋友中有一些是20世纪顶级摄影师，如爱德华·斯泰肯（Edward Steichen）和阿尔弗雷德·施蒂格利茨（Alfred Steiglitz）。布朗库西早在1905年就开始使用照相机了[2]，但他一直希望学习专业技法。在最后，布朗库西得到了曼·雷的指点。两人在龙桑小巷初次见面：

> 初次造访雕塑家布朗库西的工作室时，我觉得那比任何教堂都要震撼。其中的洁白和光亮让我心醉……就像是进入了另一个世界。白色是所有光谱色的集合，覆盖了他自己用砖搭建的壁炉和长长的烟囱。工作室里有做工粗犷的橡木物件，还有抛光金属制成的动感造型在基座上闪着金光，这些作品随处可见。没有什么是从商店买来的，包括椅子和家具。有个实心白色石膏圆柱，直径6英尺，坐落在工作室地面上，这是桌子，周围有几块中间凹陷的原木，这是凳子。凳子上随意放着小垫子，坐起来更舒服。在这间巴黎市中心的工作

---

[1] 马里耶勒·塔巴尔，伊莎贝尔·莫诺-方丹，《布朗库西的照片》，巴黎，1979。
[2] 桑达·米勒，"康斯坦丁·布朗库西的摄影作品"（Constantin Brancusi's Photographs），《艺术论坛》（*Artforum*），1981年3月，第38—44页。

室里，布朗库西过着隐士一样的生活。除了几个要好的朋友，他的作品在欧洲鲜有人知晓。他拒绝参展，因为雕塑需要多年的耐心打磨……1

曼·雷的这段话出自1920年代，他没有给出具体日期，但很可能是关于布朗库西工作室初设情形的最早描述，这是布朗库西生活、娱乐、交易、创作雕塑的场所。曼·雷还提到爱德华·斯泰肯作为旁证：据说是斯泰肯说服了布朗库西在纽约阿尔弗雷德·施蒂格利茨摄影分离运动艺术馆举办展览，展览时间从1914年3月12日持续到4月1日。布朗库西为这次展览挑选了8件作品，并标注了价格：《沉睡的缪斯》（大理石）、《波嘉尼小姐》（大理石）、《丹娜德》(*Danaide*)（大理石）、《丹娜德》（青铜）、《沉睡的缪斯》（青铜）、《金鸟》（其实是《麦雅斯特拉》的一个版本，展览目录对名称作了修正）、《水中女神》(*Naiade*)（大理石）以及布朗库西的首件木雕，最初命名为《第一步》(*Premier pas*)，后来他将它划掉，改为《浪子》(*L'Enfant prodigue*)（1915年创作的另一件作品也将以此命名）。2 曼·雷声称，布朗库西对他说过这样一番话："这件事让人很沮丧，首先是海关否认这些雕塑是艺术品，

---

1 曼·雷，《自画像》(*Self-portrait*)，纽约，1979，第211页。
2 亚历山大·伊斯特拉蒂、纳塔利娅·杜米特雷斯库，《布朗库西》，第94—5页。

坚持把它们当作工业产品征收关税。"毫无疑问，曼·雷的这段评论说的完全是另外一件事。1926 年，"美国当局对这件作品（布朗库西的青铜雕像《空间之鸟》）征收进口关税，认为这是一件工业产品"，而非一件艺术品。这个庭审案件在雅各布·爱泼斯坦的自传中有详尽记述。爱泼斯坦是这件作品的所有人斯泰肯一方的证人。经过两年的诉讼，法庭给出了判决，承认《空间之鸟》是艺术品。[1] 我们**只能**认为，也许是布朗库西或曼·雷把这两件事弄混淆了，但由此我们可以推断，曼·雷拜访布朗库西工作室，给布朗库西提供摄影师"职业培训"，大约是 1926 年之后的事情。

最初，曼·雷找到布朗库西，是希望为他拍摄人物照片，但布朗库西"皱着眉头说，他不喜欢别人给他拍照"。他转而请曼·雷帮他挑选一些摄影器材，"给他一些建议"。

> 第二天，我们去逛街，买了一个照相机和一个三脚架。我向他推荐了个人帮他进行底片的暗室处理，但他都想自己处理。于是，他凭一己之力在工作室的一角搭建了暗室。在工作室里，他所有事情都亲力亲为，包括用撬棍和滑轮移动重物。很自然，暗室的外墙也是白色的，契合环境，很不显眼。我教他怎样拍照，怎样在暗室里处理底片。此后，他就

---

[1] 雅各布·爱泼斯坦，《自传》，伦敦，1964，第 131—5 页。

自己做，再也没有问过我类似问题。后来，他给我看了他冲洗的照片。这些照片不对焦，或是过曝，或是欠曝，还有划痕和噪点。他说，他的摄影作品就应该这样。[1]

布朗库西搬到龙桑小巷 8 号之后，立刻开始给他的新工作室拍照，这些照片全面记录了布朗库西如何一步步丰富完善，把这里变成他最复杂的作品。布朗库西创造出来的这个空间生机勃勃，千变万化，接纳过的人形形色色（有朋友、恋人、经纪人，偶尔还有其他人），布满了盆栽植物，曾有一段时间，他还养过一条叫"北极星"的白狗，但只有布朗库西和他的雕塑是这里的永久居民。当然，雕塑也会经历重新排列和更换。这里有各式各样的人来来往往，穿梭于布朗库西的生活和"白色工作室"中，让这里变得活跃起来，他拍下的照片记录了这些人的身影，捕捉了难得的瞬间，和其中的故事一起流传给后人评说。

这些珍贵的照片还记录了工作室内作品陈设的不断变化，以及因此带来的勃勃生机。雕塑、底座、家具构成了临时的**舞台造型**，拍照之后再拆除，然后用不同的方式重新组合，但表达的主题不变；或者摆出完全不同的**舞台造型**，再次拍照。布朗库西甚至给这些临时搭配起了个名字：**群体移动**（groupe mobile）。

---

[1] 曼·雷，《自画像》，第 208—9 页。

群体移动作品《世界的孩童》(*L'Enfant au monde*) 中有一根木"柱",由三个部件组成,上面可以看到粉笔的痕迹,顶端是一个木杯。1917 年,布朗库西创作了另一件木雕《法国小女孩》(*The Little French Girl*) 的第二个版本,同样迷人。这两件作品站在一起,好像一家人在镜头前摆好了姿势,为制作家庭相册合影留念。这是布朗库西的美学实践吗?还是他有更实际的意图,比如说是一种推销策略?第二种猜测并非无稽之谈,因为布朗库西把照片送给了奎因,还照例送去了一封信,日期是 1917 年 12 月 27 日。他在信中介绍了这个组合,称其为《木雕,世界的孩童,群体移动》(*Bois, l'enfant au monde, group mobile*)。[1]

这并不是布朗库西第一次用照片推销自己的作品。官方**沙龙**仍然保存着一系列明信片形式的雕塑照片,上面有布朗库西的亲笔签名和日期,制作于 1906 至 1907 年间,那时他的艺术生涯刚刚起步。[2]

布朗库西拍摄的照片中,大多数都以雕塑为主角,工作室群是这些雕塑的**生存空间**,当然也有例外。在一张 1922 年拍摄的照片中,我们看到他的朋友莱热站在巨大的石块和木柱旁,显得十分渺小。这些石块和木柱随意堆放,

---

[1] 桑达·米勒,《康斯坦丁·布朗库西作品研究》,第 178—83 页。
[2] 巴尔布·布雷济亚努,"未曾发表的布朗库西书信"(Pages inédites de la correspondance de Brancusi),《罗马尼亚艺术史评论》(*Revue Roumaine d'Histoire de l'Art*),第 2 期,1964,第 385—400 页。

工作室好似独眼巨人的洞穴，幸好有半把椅子露在外面，表明这仍是人类空间，暗示着人的存在。照片背景中，《苏格拉底》(Socrates)头像熠熠生辉，高于其他木雕，仿佛俯瞰着一切。一张拍摄于1930年的照片中，我们看到曼·雷手拿两根小棒，可能是用纸卷成的，一定是在想象着指挥照片外的交响乐团，或是在指挥沉默的雕塑？另外一张照片中，同样的雕塑布景下，我们看到满面胡须的布朗库西穿着白色的夹克和裤子，正和一个年轻女子交谈，女子扎着辫子，衬托出美丽的脸庞，穿着夏季花连衣裙。她是谁？恋人？收藏家？我们不得而知。[1]

布朗库西和他的朋友们！他们给他的工作室带来了生机活力，但我们需要发挥想象力才能填补出这些静态的影像之间有着怎样的对话。不过，布朗库西的白色工作室群的访客们留下的书面记述能让我们更好地理解当时的真实情景。最早的记述可以追溯到1906年，当时布朗库西仍住在太子广场16号。尼古拉·瓦斯基德（Nicolae Vaschide）博士（1874—1907）是个心理学家，还是位兼职记者。他是巴黎高收入罗马尼亚移民社群的一员（布朗库西作品的第一个收藏者维克多·N. 波普（Victor N. Popp）也属于这个社群，他和布朗库西有过一段短暂的友谊）。瓦斯基德博

---

[1] 马里耶勒·塔巴尔，伊莎贝尔·莫诺-方丹，《布朗库西的照片》，第25张："费尔南德·莱热在工作室"，1922年前后；第48张："曼·雷在工作室"，1930年前后；第49张："布朗库西和一个朋友"，1930年前后（无页码）。

士希望将布朗库西收入麾下,于是委托他为自己的妻子维多利亚(Victoria)创作一座雕像,这件作品只留下了一张照片。瓦斯基德为《罗马尼亚独立》(*L'Indépendance Roumaine*)杂志撰稿时化名为扬·默古勒(Ion Magura),是把布朗库西在巴黎艺术界的成就写成报道发回布加勒斯特的第一人。在一篇文章中,他这样描写布朗库西的工作室:

> 上一次拜访布朗库西工作室给我留下了深刻的印象。那是一个很小很不起眼的房间,位于太子广场一座建筑的6楼……到处是素描、雕塑、想法、规划、陶土、满怀希望的作品雏形的枝节片段。很遗憾,这些作品无法完成,因为迫于无情的生活压力,缺少资金支持。整个房间干净整洁,到处洋溢着美感。布朗库西对自己的禀赋和才华有着坚定的自信,这种自信深深契合着周围的环境和布朗库西本人的气质,似乎让他彻底沉浸在波澜壮阔的巴黎生活之中。我不知道布朗库西是否会成为伟大的雕塑家,但他是一个彻彻底底的艺术家,在最优秀的灵感驱动下创作,完全不理会变化无常的生活中的各种窘迫。[1]

此后,布朗库西将工作室搬到了蒙帕纳斯街54号,雅

---

[1] 引自彼得鲁·科马尔内斯库,《当代雕塑中的神话与蜕变》,布加勒斯特,1972,第116页。

各布·爱泼斯坦曾到此造访:

> 1912年,我和奥尔蒂斯(Ortiz)还一起去了布朗库西工作室。布朗库西从来不去咖啡馆。他喜欢沿着工作室的通道摆放一排瓶装牛奶,让牛奶"发酵"。他反对流连于咖啡馆,他说那样的生活会让人失去动力。不论什么时候拜访他,他都在工作,但他从来不缺礼数,十分热情好客。他很单纯,很像圣人。现在他只喝热水,他说"热水治百病,还能治失恋"。[1]

布朗库西早期的工作室符合放荡不羁的巴黎范式,这种工作室是生活、恋爱、艺术创造的空间,其中的艺术家穷困潦倒,物质匮乏,但激荡的青春,**生活的热情**,以及更加珍贵的艺术创造弥补了缺陷。参照其他艺术家工作室的情形,这种特质更是彰显无遗。毕加索刚到巴黎时的窘迫生活和布朗库西的情况很接近,他的朋友们和他的初恋与缪斯费尔南德·奥利维耶留下的记述是很好的佐证。安德烈·萨尔蒙初次见到毕加索是在1903年,他描述了毕加索在洗衣船的工作室,这或许是最早的相关记录:

> 木台上放着一个画箱。一个小圆桌平淡无奇,是从二手

---

[1] 雅各布·爱泼斯坦,《自传》,第48页。

市场淘来的。长沙发很旧,还能当床用。还有一个画架。这个简陋的空间充其量只能算是工作室的雏形,其中有个独立的小房间,放着一个东西,好像是张床。这个小房间变成了储藏间,常来的朋友们都叫它"保姆房"。里面上演过各种恶作剧,但毕加索从不参与其中。幸好费尔南德·奥利维耶及时到来,情况才有所改观。

那张平淡无奇的桌子上放着拿破仑三世(Napoleon III)的模具,点着一盏油灯。没有电,连燃气也没有。油灯的光线很微弱。在画布上作画或是展示画作需要点上蜡烛,毕加索在我面前高高举起颤抖的烛火,优雅地展示他用他的恋情,无奶的母亲,**贫困的忧郁**的超现实领地构建的超人类的世界。[1]

1904年,费尔南德·奥利维耶第一次造访了毕加索工作室,记述如下:

> 工作室里到处都是未完工的画布,所有东西都和工作有关。但是,上帝,太乱啦!角落有张床垫,用四条腿支撑着。一个小铁炉,锈迹斑斑;炉子上放着一个黄色的陶碗用来洗刷;旁边是一张白木桌子,桌上放着一条毛巾和一截肥皂头。另一个角落里有一根可怜兮兮的小木桩,涂成黑色,充当凳

---

[1] 安德烈·萨尔蒙,《无尽的回忆(第一阶段:1903—1908)》(*Souvenirs sans fin (première époque : 1903—1908)*),巴黎,1955,第170页。

子,坐上去很不舒服。一把藤条椅、画架、各种尺寸的画布、一管管颜料随意散落在地面上,灯芯草、油罐、装蚀刻液体的碗掺杂其中。没有窗帘。桌子抽屉里,毕加索养了一只白鼠作为宠物,他悉心照料这只白鼠,逢人便要展示一下。[1]

3年后,毕加索的新经纪人达尼埃尔-亨利·卡恩魏勒首次拜访毕加索工作室,从他的描述来看,情况没有明显改观。他告诉格特鲁德·施泰因,他永远都忘不了当时的情景:

> 毕加索来开门时,光着脚,只穿了一件衬衣,匆匆忙忙地扯着裤子。楼下的工作室邋遢不堪,老旧的墙纸一条条从墙上剥落下来,炉渣堆成山,比炉子还高,一叠叠画布和一堆堆"壮丽威严的非洲雕塑"落满灰尘。[2]

和一众来到巴黎开创新生活和新事业的艺术家一样,布朗库西也穷困潦倒,但除此之外,他在其他方面都与众不同。布朗库西的朋友们都生活得凄苦不堪,包括他的好友莫迪利阿尼和聚居在蜂巢的整个东欧群体,一定程度上甚至包括毕加索。而布朗库西却另当别论。尼古拉·瓦斯

---

[1] 费尔南德·奥利维耶,《毕加索和他的朋友们》,纽约,1965,引自约翰·理查森,《毕加索传,卷一,1881—1906》,伦敦,1991,第309页。
[2] 约翰·理查森,《毕加索传,卷二,1907—1917》,纽约,1996,第34页。

基德回忆道,布朗库西的生活环境有种敞亮的感觉,即便是位于太子广场二楼的小工作室也是如此。1926年后,曼·雷到龙桑小巷拜访布朗库西时,特别注意到,布朗库西工作室像"大教堂般"洁白,认为这种体验深深打动了自己。布朗库西对生活环境如此挑剔,很可能是因为他深信艺术和生活无法分割。他认为古希腊艺术的完美、简洁、纯粹都是他们生活方式的一种表达。因此,毋庸置疑,布朗库西的白色工作室表现了他深受古典艺术影响的人生信条。布朗库西工作室早期平淡无奇,后来成了**生存空间**,这并不是一种突变,而是经历了逐渐酝酿的过程。布朗库西本人曾对亚历山大·伊斯特拉蒂和纳塔利娅·杜米特雷斯库描述过这一过程,他们在其著作中作了详尽的记述。布朗库西早期工作室的照片上可以看到"杂乱无章的雕塑放在俗气的底座上,旁边有一把不起眼的椅子,布朗库西给这把椅子画了一张树胶水彩画,拿给我们看,说'这是我这里最后一件传统意义上的家具'。"龙桑小巷工作室群的照片上的情形则大不相同,变化可谓翻天覆地:

> 作品坐落在粗壮的台石上,摆放方式让人赏心悦目,显示出**主人**的品位。石膏桌子本是按照餐桌设计的,却给人一种圆形雕塑的感觉,长凳方便小憩,用木头削砍而成,风格粗犷,椅子不见了,取而代之的是几个小板凳。

布朗库西的衣着也变了，以便更好地融入他的新环境。他的穿着十分醒目，"身穿白色工作服，头戴白色帽子，用来抵挡灰尘和大理石碎屑，脚上穿着木屐……所有穿戴都为方便他心无旁骛地工作服务"[1]。这让我们看到，布朗库西全力以赴把雕塑、生活和他自己融为一体，构建成一个艺术综合体。

布朗库西最终创造出白色工作室，首要考虑是为了同时满足多种需求。首先，这是生活空间，他每天在其中处理家居琐事；其次，这是工作空间，他在这里耐心地创作雕塑；再次，还是展示空间，一间个人博物馆，他在**这里**不露声色地向潜在买家推销自己的作品，这也是布朗库西工作室最不同寻常的一点。布朗库西还买来两个电动马达，装在《勒达》（*Leda*）和《海豹》（*The Seal*）的台石上，让底座旋转，全方位展示雕塑，参观者无须围着雕塑转圈。[2]

布朗库西偏爱离群索居，因此，他社交生活中顽皮的一面对他来说十分重要，例如，他十分好客，喜欢和客人一起喝酒跳舞，进行娱乐活动。1920年代，尤其是1930年代，许多人曾到布朗库西工作室做客，他们留下的记述告诉我们，一个名叫布朗库西的神秘人物有过许多奇闻逸

---

[1] 亚历山大·伊斯特拉蒂，纳塔利娅·杜米特雷斯库，《布朗库西》，第103页。
[2] 马里耶勒·塔巴尔，"作为展示和展览场所的工作室"，《布朗库西工作室藏品》，展览目录，巴黎蓬皮杜艺术中心，1997，第38—52页。

事。较早的一份记述来自珍妮·罗伯特·福斯特,1922年,布朗库西邀请她一起吃饭:

> 布朗库西做饭上菜可谓颇具匠心。若是三两好友有幸受邀赴宴,他就在工作室墙角他亲手搭建的炉子上做饭。若客人中有一位女士,他就殷勤地在她面前放上橱柜里最精美的盘子,摆上一盆花,花色在凉爽的暮色的衬托下,如马蒂斯和雷东(Redon)的画一样娇艳欲滴。他是红酒、白酒和火辣辣的罕见烈酒的品鉴大师。一个访客作证,烈酒烈到可以溶解门上的油漆。这位伟大的雕塑家人如其酒。[1]

尼娜·哈姆内特记述了她到布朗库西工作室赴宴的经历,不像福斯特那样奉之若神,但夸张的语言更接近真实情况。那是在1920年:

> 和布朗库西吃饭,你要一边吃一边喝酒。他的勃艮第红酒品质非凡,吃饭前要喝开胃酒。夜越深,你越觉得自己快要晕倒了。牛排差不多要用米来丈量,玻玛红酒酒劲十足。[2]

1927年,多萝西·阿德洛(Dorothy Adlow)造访了龙

---

[1] 珍妮·罗伯特·福斯特,"康斯坦丁·布朗库西:其人与其臻于至善的雕刻艺术形式",《名利场》,1922年5月,第6—8页。
[2] 尼娜·哈姆内特,《大笑的身躯》,伦敦,1932,第123—4页。

桑小巷。她认为布朗库西工作室是"展示和展览的场所",留下了十分精当的记述:

> 放眼望去,工作室里有许多棱角分明的大理石,抛光的青铜,这些作品承受了许多嘲弄,引发了许多议论。其中一件是黑人女子雕像,光滑的卵形大理石上雕刻出了嘴唇和头发,仅此而已。还有一个木雕,雕刻的是苏格拉底,有着硕大的头颅,中间挖出巨大的孔洞,那便是远眺的眼睛。还有一个身躯,不过是个磨圆了角的三角形。还有一根弯曲的柱子,那是一只鸟。[1]

随后,她把注意力转移到了布朗库西身上:

> 工作室中央站着一个男人,他身材不高,害羞,紧张,这就是布朗库西。你随意看一件作品,他就会拨弄它,让它不停地转动。他穿的外套像太阳一样黄,戴着白色帆布沙滩帽,穿着木屐。他那小小的眼睛闪着光,透露出强大的自信心,不论别人如何评论,他依然我行我素。

忽然间,布朗库西亮出了他的小把戏,打开电动马达,让雕塑旋转起来,神奇的效果让访客大吃一惊。

---

[1] 多萝西·阿德洛,"布朗库西"(Brancusi),《绘画与设计》(*Drawing and Design*),卷二,伦敦,1927,第37—41页。

突然，布朗库西说："你还记得那个神话故事吗？一个神仙变成了天鹅，勒达（Leda）爱上了这只天鹅。"他的脸一下子年轻了，满眼笑意，就像个淘气的孩子。他俯身把插头插入墙上的插座，悄声说："好了，真是难以置信。"我们面前，一个放在圆盘上、样式奇怪的黄铜雕塑开始转动，速度很慢，几乎难以察觉。这件作品镜子一般的表面映出工作室里的所有物件，还有我们自己，光和影交融变换。布朗库西说："你看，一个男人变成天鹅，难以置信，这是不可能的，但女人就可以，很容易。你能从这只鸟里看出她的样子吗？"我看得全神贯注。他用手指轻轻滑过雕塑的轮廓，说道："她双膝跪地，身子后仰。你看出来了吗？这些高光点是她的胸和头……都变成了鸟的这些外形。转动的时候，它们不断获取新生命、新律动……你感受到了吗？"这闪闪发光的神话之鸟继续转动，沉默无声，一刻不停，它抽象的外表投射到下面光滑的金属镜面上，映出千变万化的形状。

《鱼》（*The Fish*）是布朗库西最喜欢的雕塑之一，又一次让人体会到了神奇的魔力：

他揭开了另一件作品的防尘布，下面是一条用大理石雕刻的鱼，鱼身光泽耀眼，大理石纹理清晰可见，体型较大，表面平整，放在一个支点上，可以转动。布朗库西轻推雕塑的一端，使其转动起来，说道："你看一条鱼时，应该是想不到鱼鳞的，对吧？你想到的是它的速度，在水中漂浮闪烁的身躯……我要表现的正是这些。如果我雕出鱼鳍、鱼眼和鱼鳞，我捕捉到的就是它的动作，呈现给你一种样态，或是一种实存的形式。我只想要它精神的闪光点。你能明白我的意思吗？"我明白了。

这种对极简主义手法终极意图的解释，清楚得不能再清楚了。布朗库西用这种手法超越了肉体凡胎的限制，捕捉到了柏拉图式的本质，蕴含这种本质的对象可以是动物、鱼、鸟、人的躯体，也可以是一幅肖像画。

有两个人在布朗库西的生活中意义非凡。一个是卡萝拉·吉迪恩-韦尔克（1893—1979），她是艺术史家，后来还成了布朗库西的传记作家，两人相识于1928年。另一个是佩吉·古根海姆（1898—1979）。布朗库西和古根海姆相识于1923年，第二次见面是在1940年。古根海姆承认，她与布朗库西交情颇深："我非常了解布朗库西。"[1] 古根海姆和吉迪恩-韦尔克的记述表现了布朗库西和女性关系的不同侧面。布朗库西和瑞士知名学者吉迪恩-韦尔克的关系纯粹是精神层面的。吉迪恩-韦尔克仍然记得，多年以来布

---

[1] 佩吉·古根海姆，引自克里斯蒂安·泽尔沃斯，《康斯坦丁·布朗库西（雕塑、油画、壁画、素描）》，巴黎，1957，第88页。

朗库西给她讲过不少故事。布朗库西去世后不久,她发表的一本传记中就收录了这些故事中的一部分,这是首批问世的关于布朗库西传记之一。[1] 她记得,她认识布朗库西之前,本以为他会是一个长相接近罗丹的"大师",他会显得很难以接近,但事实情况恰恰相反。布朗库西"首先给人温文尔雅的感觉,对我很和善,情绪含而不露,同时,他的眼睛闪着狡黠的光,似乎在告诉我,他'人见人爱'"。

> 随即,他给我讲了一个故事。故事里,他打扮成"美丽的农夫",参加了一个化装舞会,并由此引发了令人捧腹的事情。我们的友谊持续了很多年,这些年里,他给我讲了许多动听的故事,一些故事让人难以置信,一些故事滑稽可笑,所有故事都发人深省,有些揭示人生哲理,有些让人心平意静。他的这些优秀品质都来自长年累月的挣扎、遭遇和切身体验。[2]

如果说吉迪恩-韦尔克是布朗库西意气相投的朋友,那么既有钱又有魅力的佩吉·古根海姆则经历了一系列身份变化的过程,她先是他的朋友,再是他的情人,最后成了他的客户。她的回忆充满了崇敬之情。1923 年,她首次光顾布朗库西位于龙桑小巷的工作室群。她觉得那是"人世

---

[1] 卡萝拉·吉迪恩-韦尔克,《康斯坦丁·布朗库西》,纳沙泰尔,1959。
[2] 卡萝拉·吉迪恩-韦尔克,《康斯坦丁·布朗库西》,第 88 页。

间最像天堂的地方",同时还认为布朗库西就是"半人半神",因为她觉得:

> 他也很世俗,是个精明的农民;他热爱美食,厨艺高超。他喜欢女人,却拒绝确定任何关系,以免影响他工作;他现在独自居住,却有一众迷恋他的女性,把他围在中间,好像奥斯曼帝国的总督。他很有经济头脑。他在龙桑小巷工作室接待你时,会让你觉得像是踏进了圣地,甚至仿佛走进了西藏的寺院。布朗库西在工作室里静静地踱着步子,揭开雕塑上的防尘布,将作品摆在光线下,呈现出它们的最佳状态。每次他都要一件一件地展示他的作品,就好像你从未来过一样。[1]

第二次世界大战期间,古根海姆买下了两件布朗库西以鸟为主题的雕塑:青铜版《麦雅斯特拉》(1912年创作)和《空间之鸟》。借此机会,两人的友谊重新升温。古根海姆以1000美元的价格从保罗·普瓦雷(Paul Poiret)的妹妹手中买下了《麦雅斯特拉》,饶有兴致地称其为"一只美丽的鸟,肚子很大"。用她自己的话说,她仍然非常"倾心"《空间之鸟》,最终于1940年从布朗库西手中买到,当时纳粹德国空军正在轰炸巴黎。她仍清楚地记得自己前往

---

[1] 佩吉·古根海姆,引自克里斯蒂安·泽尔沃斯,《康斯坦丁·布朗库西》,第88—9页。

工作室运回这件雕塑的情景：

> 布朗库西亲手打磨自己的每件雕塑。我想这就是为什么他的每件作品都如此漂亮。制作《空间之鸟》耗费了他数周时间。他完成这件作品时，德国人已经接近巴黎了。我开着自己的小车前去将它取回，以便打包运走。布朗库西流下两行热泪，我深受感动。我不知道他为何如此激动，隐约觉得大概是因为他舍不得和自己心爱的鸟儿告别吧。[1]

1956年12月，年轻的波兰雕塑家博赫丹·乌尔班诺维奇（Bohdan Urbanowicz）来到了龙桑小巷，他是布朗库西工作室最后一批访客中的一位：

> 你会觉得好像沉浸在了洁白宁静的气氛之中。雕塑作品鳞次栉比，有大理石的、木质的、石质的，还有青铜的，都覆盖着一层白色的矿石粉尘，闪闪发光。雕塑作品让我目不暇接。一棵树干表面经过雕刻，像烟花般光芒四射。一条鱼分割了空间。一只雄鸡呈现出锯齿线条，引吭高歌。《新生》（*New Born*）缓缓转动，金光耀眼，同时映出周围的事物。这是一首无尽的诗歌，赞美着狂野的静谧，歌颂着静谧下掩藏的冲动。一个草草削砍而成的木质门框让人联想到喀尔巴阡

---

[1] 佩吉·古根海姆，《世纪之末（一个艺术迷的自白）》（*Out of this Century (Confession of An Art Addict)*），伦敦，1980，第211—12页。

山下的筒仓，门框后是布朗库西的房间。在这里，白色仍然是主色调，仿佛一间卡马尔多利僧侣的地下室。布朗库西雪白的头上戴着一顶白色软帽，上面有一个淡蓝、金黄的小标志。还有一条白色粗纺羊毛毯，几把古朴的板凳，几根树干经过简单雕刻就是桌子，还散落着一些工具。布朗库西躺着，头枕着手。在他犀利的目光下，你能看出这位老人的幽默和玩世不恭。他问我们是不是认真看了雕塑。他只接待朋友，那些能开心心地欣赏他作品的人，善良的人和漂亮的女人，不欢迎那些自命不凡的人、艺术评论家和经纪人。[1]

布朗库西当着这位年轻波兰艺术家的面，评论了《吻》的全身版本，这件作品已经成为蒙帕纳斯墓地的一座纪念碑。他的话总结了他信念的核心，指出了他一生的圭臬：

> 我当时在巴黎，接受委托，为一对夫妻制作一件墓地雕塑。我习惯性地认真构思这件作品，很长时间后，我意识到，按照两个人的外貌雕刻这件作品根本不能表达真理的核心。这种雕塑与两人的出生和喜怒哀乐等重大事件相去甚远，更不能反映生与死的宏大。这就是《吻》背后的故事，这件雕塑现在放在蒙帕纳斯墓地上，呈现出字母 M 的形状，代表了

---

[1] 博赫丹·乌尔班诺维奇，"布朗库西访谈录，1956 年 12 月"（Vizita mea la Brancusi, decembrie 1956），《布朗库西学术论坛》，布加勒斯特，1967 年 10 月 13—15 日，布加勒斯特，1968，第 108—9 页。

罗马尼亚语中的 moartea 一词（意思是**死亡**）……当时，我想捕捉到的，不仅是关于这对独一无二的夫妻的记忆，还有关于在这人世间走过一遭、深爱着彼此的所有夫妻的记忆。[1]

---

[1] 博赫丹·乌尔班诺维奇，《布朗库西访谈录》，第 109 页。

6　工作与友谊

伊为何人,闭月羞花?

原来是波嘉尼小姐,乌尔王后的母亲,苏美尔美女,埃及艳
　　后奈费尔提蒂。

波嘉尼小姐是抽象雕塑的神话祖先!

这几行诗句出自布朗库西好友、达达主义雕塑家让·阿尔普笔下[1],从中可以看出,他理解了《波嘉尼小姐》在雕塑艺术革新方面的非凡意义,其理解之深刻世所罕见。1913年,《波嘉尼小姐》在纽约军械库展览会上初次亮相。美国画家沃尔特·帕克(Walter Pach)(1883—1958)曾是布朗库西在蒙帕纳斯街的邻居,后来成了军械库展览会的主办人之一。正是得益于帕克的邀请,布朗库西才能前往参展。[2] 最早"发现"

---

[1] 让·阿尔普,"无尽之柱"(La Dolonne sans fin),参见克里斯蒂安·泽尔沃斯,《康斯坦丁·布朗库西(雕塑、油画、壁画、素描)》,巴黎,1957,第30页。
[2] 约内尔·日亚努,《康斯坦丁·布朗库西》,伦敦,1963,第41页。

布朗库西雕塑的人也是帕克，那是在1910年。随后，他帮助布朗库西打开了利润丰厚的美国市场。布朗库西和马蒂斯、杜尚一起在军械库展览会上参展，并饱受非议，自此以后名声大噪。帕克还是布朗库西的第一个重要中间商和经纪人，这一角色继而由亨利-皮埃尔·罗什（Henri Pierre Roché）（1879—1959）担任，后者也尽力帮助布朗库西把作品卖给美国收藏家。最早开始收藏布朗库西作品的是美国人，那时他在巴黎仍然籍籍无名。正是因此，布朗库西在美国长期享有盛名，而且他最好的作品都收藏在美国的博物馆，而不是法国的博物馆里。1912至1925年，帕克和布朗库西书信频仍，从中可以看出，帕克作为布朗库西的自主经纪人和公共关系管理人表现出的工作能力，以及他履行职责过程中使用的巧妙手段。[1]

布朗库西在军械库展览会上受人指摘，相比之下，杜尚的油画《下楼梯的裸女》受到的批评更加尖锐，媒体和公众怒火中烧，对其冷嘲热讽。尽管如此，布朗库西还是引起了收藏家们的兴趣，他不被看好的作品《波嘉尼小姐》恰是开端。如前所述，除去一件石膏版本的《波嘉尼小姐》（已遗失），布朗库西还送了另外4件作品参展，从当时留下的一张展厅照片来看，这些作品随意堆放在一根高高的

---

[1] 多依娜·莱姆尼，"档案"，《遇见布朗库西（绘画和档案）》，展览目录，蓬皮杜艺术中心，巴黎，2003，第105—15页。

基柱上。[1] 然而，它们成功吸引了一些重要收藏家的注意力，展览会主席亚瑟·C. 戴维斯（Arthur C. Davies）还买下了《缪斯》和《沉睡的缪斯》两个大理石头像。

布朗库西和帕克之间的书信还记录了布朗库西的雕塑开始成功吸引美国收藏家注意力的时间。一封写在1913年2月21日的信中，帕克提到了"你的雕塑《波嘉尼小姐》"，说"有一个很有品位的业余收藏家，本身也是个很有才华的画家"，想买这件作品的大理石版本。帕克信心满满，让布朗库西直接开价，因为布朗库西只给出过他参展的石膏版本的价格。"希望你能直接告诉我价格，这件作品一定能出手。"他还说，运送《波嘉尼小姐》的大理石版本到纽约的费用都由买家承担。

接下来的一封信写于1913年6月6日，帕克告诉布朗库西，有人想买《波嘉尼小姐》的青铜版本，鉴于石膏版本标价1000法郎，他建议青铜版本标价2000法郎。帕克再次提到之前的大理石版本，说这件作品没有售出，但他们想再多保留一段时间，"雕塑的大理石版本我们再多保留一段时间"，以防有人要买。[2] 这封信潜藏的信息很有趣，说明布朗库西一得知有个"有品位"的潜在买家，就立刻发出了《波嘉尼小姐》的大理石版本，只不过这个买家可

---

[1] 亚历山大·伊斯特拉蒂，纳塔利娅·杜米特雷斯库，《布朗库西》，巴黎，1986"军械库展览会布朗库西参展作品照片"，第90页。
[2] 多依娜·莱姆尼，《档案》，第203页。

能看到作品后改变了主意,或者觉得价格太贵。

后来的书信记录了更多趣事,如布朗库西结交新友阿尔弗雷德·施蒂格利茨。有趣的是,在1914年2月6日的信中,帕克明确建议布朗库西不要和这位摄影师来往:

> 阿尔弗雷德·施蒂格利茨有钱,或者说比较有钱,想当美国的艺术守护神。他人不错,但不想给任何艺术家的作品做宣传,也毫不理睬我们这些人,而我们这些人的全部事业却因为他而受到威胁。因此,为了这些人的利益,我们决定还击,其实我们去年已经采取行动了。坦白说,我认为,你如果把你的大理石作品送往他的艺术馆,就大错特错了。[1]

当然,布朗库西对此不以为意,一周后的一封信中,他用蹩脚的法语写道:

> 我说过,我已经决定把这些大理石雕塑送往纽约。它们现在已经在路上了,很快就会送到,将在阿尔弗雷德·施蒂格利茨的摄影分离运动艺术馆参展。

帕克一直对布朗库西和施蒂格利茨的关系耿耿于怀,他称赞了施蒂格利茨在纽约组织的布朗库西个人展览,但

---

[1] 多依娜·莱姆尼,《档案》,第106页。

话中颇带微辞。1914 年 4 月 10 日的一封信中，帕克说，这次展览空间太小，只有巴黎的卡恩魏勒的新美术馆那么大，常去的观众们也都说"施蒂格利茨美术馆的这次展览在光线和背景墙颜色方面设计得很成功"。缺点是"展览空间太小，只有卡恩魏勒美术馆那么大"，观众们"喋喋不休，对于想要细细品味作品的人来说太吵了"。随后，他提到，亚瑟·戴维斯买下了《缪斯》，还介绍了一个新客户。这是一位律师，是"我们身边最好的收藏家之一，是个很有魅力的人"。他已经买了《波嘉尼小姐》和《金鸟》两件作品，包括底座。布朗库西生命中的这位新贵人正是约翰·奎因。[1]

最初，帕克扮演了布朗库西和这位新贵收藏家的中间人的角色，后来他主动隐退，让两人直接联系。布朗库西和奎因之间书信频繁，最早一封信写于 1916 年 10 月 4 日，最后一封写于 1923 年 2 月 16 日，偶有一封帕克的信点缀其间。从这些书信中，我们可以看出布朗库西本人的营销手段。[2]

一开始，两人在信中互称"亲爱的先生"和"您"，说明他们之间比较拘谨，并且一直如此。不过到 1923 年，"亲爱的布朗库西先生"变成了"我亲爱的布朗库西"，布

---

[1] 多依娜·莱姆尼，《档案》，第 107 页。
[2] 纽约公共图书馆藏有 36 封书信和电报，日期从 1916 年 10 月 4 日（布朗库西致信沃尔特·帕克）到 1923 年 2 月 16 日（约翰·奎因致信布朗库西）。有 30 封书信和电报发表在多依娜·莱姆尼，《档案》，第 135—54 页，日期从 1917 年 1 月 19 日（布朗库西致信奎因）至 1923 年 12 月 17 日（布朗库西致信奎因），其中一部分和纽约公共图书馆收藏的相同。

朗库西也称奎因为"我亲爱的奎因",显得更亲密。但他们相互指称时仍然使用正式的**您**,而不用相对随意的**你**。他们讨论的话题仅限于业务往来,只有1923年2月16日奎因写给布朗库西的最后一封信里,他第一次谈到了自己,而在一年后,他就英年早逝了。这封信里,奎因告诉布朗库西,他头痛得厉害,因此去了弗吉尼亚的温泉城。一周之后,症状有显著好转,"我不服用麻药也能入睡了"。[1]

约翰·奎因(1870—1924)无疑是欧洲先锋艺术的重要收藏家之一。1910年,他开始收藏艺术品。他希望定期付给奥古斯塔斯·约翰(Augustus John)300英镑,请他为自己画出值这么多钱的作品。奥古斯塔斯·约翰拒绝了,而是向他引荐了三位年轻的英国艺术家:雅各布·爱泼斯坦、温德姆·刘易斯(Wyndham Lewis)和自己的妹妹格温·约翰(Gwen John)。军械库展览会上,法国艺术让奎因大开眼界,他从而开始收藏德兰、杜尚兄弟、帕斯金(Pascin)和塞贡扎克(Segonzac)的作品,但尚未涉及布朗库西的作品。

奎因的收藏似乎一直没有很好地整理编目,仅仅在他去世两年后出版了一份藏品清单,列出了1300幅绘画和75件雕塑,"与其最大最完整的收藏规模相比,大约只有其中的一半"。按照美国的标准,奎因甚至算不上"典型的

---

[1] 多依娜·莱姆尼,《档案》,第135—55页。

美国大众收藏家",但后来的现代艺术博物馆馆长小艾尔弗雷德·巴尔仍然称他为"当时美国最伟大的艺术收藏家",正因为奎因不盲目追求"收藏的数量"。奎因"尽其所能收藏艺术品,其藏品品质卓越,恰到好处,恰逢其时,为艺术家和艺术本身作出了最大的贡献"。奎因有品位,"更有勇气和敏锐的洞察力"。[1]

1926年发表的藏品目录由福布斯·沃森(Forbes Watson)作序[2],序言提到,"1926年1月在纽约艺术中心举办的纪念展,展出了已故的约翰·奎因收藏的一部分画作和雕塑",这些藏品"标志着美国艺术史上一个最耀眼、最激动人心的时代结束了"。第26页列举了奎因积年收藏的31件布朗库西雕塑,还有5个木制、石质底座和一幅铅笔素描。从数量上看,奎因似乎偏爱光滑优雅的青铜和大理石头像,但他也勇于购买奇特的木雕《幻想》,以及同样新奇的、带有明显性暗示的《亚当和夏娃》(*Adam and Eve*),毋庸置疑,这就是为什么巴尔认为奎因作为收藏家胆识过人。

还有两个人在布朗库西职业生涯中扮演了重要角色:作家亨利-皮埃尔·罗什以及后来的经纪人约瑟夫·布鲁

---

[1] B. L. 里德(B. L. Reid),《约翰·奎因和他的朋友们》(*John Quinn and his Friends*),牛津,1968,第652页。
[2] 福布斯·沃森,《约翰·奎因(1870—1925):油画、水彩、素描和雕塑收藏》(*John Quinn(1870—1925): Collection of Paintings, Water Colours, Drawings and Sculptue*),纽约,1926。

默。亨利-皮埃尔·罗什（1879—1959）和巴黎先锋派的关系并不广为人知，反而是因为他和弗朗索瓦·特吕弗（François Truffaut）的关系而家喻户晓。1953年，74岁的罗什创作了一部小说《祖与占》（Jules et Jim），1962年，特吕弗将这部小说翻拍成了电影。1916年，罗什到访纽约时，遇到了奎因，成了他的"侦察员"，他发送给奎因的电报充满智慧，描述详尽，深刻影响了奎因挑选艺术品的标准。1924年，奎因去世前不久，罗什帮他买到了"海关职员"亨利·鲁索的杰作《沉睡的吉卜赛人》（The Sleeping Gipsy）。罗什说，这幅画"胜过《耍蛇人》（Snake Charmer）"。事实上，是毕加索告诉罗什有些画正在出售，罗什向潜在买家如此描述《沉睡的人吉卜赛人》：

> 夜空下，沙漠中，一带远山前，有一头威武雄壮怪异的狮子；他静静地嗅着一个身材高大、正在睡觉的女人；她躺在画的最前端，梦中充满爱意，面部饱经沧桑，狮子可能要吃掉她，也可能会走开。这是我见过的最激动人心的一幅画。[1]

罗什在纽约的另一个新朋友是杜尚。杜尚在军械库展览会上遭受的非议和后来的谴责相比不值一提。1917年5

---

[1] 伊恩·麦基洛普（Ian Mackillop），《自由精神》（Free Spirits），伦敦，2001，第142页。

月，杜尚在自由人沙龙上展出了一个尾端朝上的小便斗，边缘用黑笔写着"R. Mutt 1917"的字样。罗什迫不及待地和杜尚一起创办了《盲人》（*The Blind Man*）杂志，其唯一的目的是为《喷泉》的"创作者""理查德·米特"（Richard Mutt）辩护：

> 米特先生是否亲手制作了这个喷泉并不重要。他选择了它。他拿出一件日常生活物件，放在这里，于是它的实用功能消失了，有了新的名称，获得了新的视角，创造了新的观感。[1]

罗什和布朗库西的书信跨越了 38 年（1917 至 1955 年），共计 59 封，几乎所有书信都由罗什写给布朗库西，只有一封出自丹尼丝·罗什（Denise Roché）之手。[2] 这些书信和奎因的书信大不相同。虽然业务往来仍是两人关系的主要动因，但罗什还是个出色的公共关系经理人，带领收藏家前往布朗库西工作室，鼓励他们购买雕塑作品。

2001 年出版的《遇见布朗库西》的目录中的最后一封信写于 1955 年 8 月 16 日。信中，罗什提到了布朗库西的一个重要的新项目，遗憾的是，该项目未曾完成。建筑师密斯·范德罗厄（Mies van der Rohe）希望把《空间之鸟》

---

1 伊恩·麦基洛普，《自由精神》，第 143—4 页。
2 多依娜·莱姆尼，《档案》，第 155—66 页。

放在他即将完工的洛克菲勒中心的广场上,他建议布朗库西使用不锈钢来制作:

> 设计模型上,塔前的一小块空间还未完工,我们刚刚栽了几棵树,围出一片绿地。你若是能选择放入几眼喷泉,安上一面水镜,造出喷泉射流的形状,再配上绿色植被,应该是个好主意。[1]

除收藏家们之外,布朗库西工作室还出现了其他新面孔:

> 亲爱的布朗库西先生:周六晚上的活动我将欣然前往,感谢你通过马塞尔·杜尚转达给我的盛情邀请。但我有一事相求,请问我能否带上埃里克·萨蒂一同前往?他希望有幸拜会。不过届时是否确定有时间出席,他还会进一步通知我。[2]

于是,通过罗什,布朗库西结识了萨蒂。布朗库西和萨蒂情投意合,相见恨晚,深厚的友谊持续到1925年萨蒂去世。虽然萨蒂1917年方才首次造访布朗库西工作室,但两人的交情早已有之。几乎可以肯定,布朗库西参加了保罗·福尔在蒙帕纳斯的丁香园餐厅举办的著名的**周二会议**。

---

[1] 多依娜·莱姆尼,《档案》,第155页。
[2] 多依娜·莱姆尼,《档案》,第166页。

这些活动吸引了许多人,其中有莱热、桑德拉尔、谷克多(Cocteau)、萨蒂,还有轰动一时的所谓的前卫作曲家六人组——奥内热(Honegger)、米约(Milhaud)、奥里克(Auric)、普朗(Poulenc)、迪雷(Durey)和塔耶费尔(Tailleferre),这6人都非常崇拜萨蒂。布朗库西记得自己和萨蒂有过一段对话,从中可以看出他自己极致的艺术追求增强了作曲家萨蒂的决心:

> 音乐家埃里克·萨蒂是我们中的一员。一次,有人委托他写一部歌剧。我们决心把这部歌剧搬到大剧院。终于有人委托埃里克·萨蒂这位团宠写歌剧了,报酬丰厚。他创作起来毫不费力。我正专心雕刻《麦雅斯特拉》时,他来到了我的工作室。当时我很疲惫,很失望,很困惑。埃里克·萨蒂问我为什么会这样。我说:"因为我要从《麦雅斯特拉》的颈部去掉一条阴影。某个线条应该凸显出来,这一点至关重要。有无数线条穿过同一点,我需要从这些线条中选出一条,就一条。"埃里克·萨蒂手头的工作是别人委托他创作的歌剧,但他毅然放弃了这个作品,回归了他自己的音乐。他团组中的另外6位音乐家将他的新作搬进了大剧院,但已经和最初的委托要求截然不同。埃里克·萨蒂独一无二。[1]

---

1 彼得·潘德雷亚,《肖像画争鸣》,布加勒斯特,1945,第161—2页。

1917年前后，萨蒂为柏拉图（Plato）的《对话集》（*Dialogues*）配乐的想法开始逐渐成形。两年后，埃德蒙·波利尼亚克王妃（Princess Edmund de Polignac）委托他为苏格拉底之死的场景配乐。1920年2月14日，国家音乐协会举办的首演在某个音乐厅举行，但效果不理想："此时，观众们期待听到萨蒂的幽默感，完全误解了他的音乐，在苏格拉底死时哄堂大笑，评论界对这个作品攻瑕索垢。"[1] 萨蒂创作《苏格拉底之死》（*La Mort de Socrate*）时，布朗库西开始创作雕塑《苏格拉底》，完成于1922年。他深深沉浸在这件作品的创作中，似乎还常常和萨蒂讨论作品的进展情况。[2] 很可能是在和布朗库西交往的过程中，萨蒂发现了罗马尼亚民间音乐。1945年，布朗库西的罗马尼亚朋友V. G. 帕莱奥洛格在布加勒斯特出版了一本关于萨蒂的书，其中一章探讨了萨蒂和罗马尼亚音乐的关系。帕莱奥洛格认为萨蒂一定是在罗马尼亚参展的1889年巴黎世博会上听到了罗马尼亚音乐。这种可能性是存在的，但帕莱奥洛格没有注意到另一种可能。布朗库西收藏有数量可观的唱片，热爱世界各地的民间音乐，他本身还会拉小提琴，虽不专业，却热情十足。布朗库西很可能播放了罗马尼亚民间音乐给萨蒂听。不过关于罗马尼亚民间音乐对萨蒂的

---

[1] 玛丽·戴维斯（Mary E. Davis），《埃里克·萨蒂》（*Erik Satie*），伦敦，2007，第122—3页。
[2] V. G. 帕莱奥洛格，《萨蒂与新音乐主义》（*Despre Satie si noul muzicalism*），布加勒斯特，1945，第47页。

影响，帕莱奥洛格总结得很到位："萨蒂音乐作品的主旋律清澈洪亮，毋庸置疑，他一定使用了排箫，这种排箫可以吹奏出一种非常独特的升降曲线，且没有影音和等音。"[1]

1925 年，萨蒂去世，布朗库西对此事的回忆引人深思：

> 萨蒂去世时，债台高筑。我们几个他的生前好友聚在一起，帮他还了债，拿走了他公寓里的遗物，以免有人拿去公开拍卖。我很害怕这样的事情发生在我身上。3 年前，我重病缠身，躺在床上，几近弥留。事实上，只有当死亡出其不意地降临，或是你决定去死时，你才会死。一想到我的 4 个工作室里满是物件，各种完工的、未完工的东西可能被鬣狗蚕食鲸吞，我就决定自己还不能死。我的医生觉得我没救了，决定把我转移到距离太平间和墓地较近的临终关怀医院。我知道他在想什么。第二天早晨，他来到我身边，我玩笑着说："医生，我决定不死了！"看，我还活着。[2]

布朗库西和萨蒂还可能在服装设计方便有过合作。布朗库西为罗马尼亚古典舞蹈家莉济卡·科德雷亚努（Lizica Codreanu）设计了一套演出服，或许是为出演萨蒂已完成多年的《裸体青年节》（Gymnopédies）准备的，但没有相关资料可以证明这一点。伊里纳（Irina）和莉济卡·科德

---

[1] V. G. 帕莱奥洛格，《萨蒂与新音乐主义》，第 15 页。
[2] 彼得·潘德雷亚，《肖像画争鸣》，第 170 页。

雷亚努姐妹两人是布朗库西的朋友。当时，伊里纳正在学习雕塑，有一阵子还做了布朗库西的学徒。原则上，布朗库西不收学徒，伊里纳·科德雷亚努是第一个例外。1922年，伊里纳造访布朗库西工作室时，布朗库西开玩笑说："我就算手拿鲜花，也不敢触碰像你一样漂亮的女孩。"最后，他作出了让步，伊里纳开始跟随他学习。和伊里纳一同学习的还有一名罗马尼亚雕塑家桑达·凯塞尔（Sanda Kessel），她当时正在埃米尔-安托万·布德尔位于大茅舍艺术学院的工作室工作。为了让自己能对这两个新学徒严厉起来，布朗库西给她们起了小名，桑达·凯塞尔叫彼得里卡（Petrica），伊里纳叫科斯蒂卡（Costica）。

> 他教给我们石头和木头的直接雕刻技法，还有抛光青铜的技巧。他喜欢亲手做饭招待朋友，而且厨艺高超，特别是通过饭桌上的交谈，我们学到了很多。他像农民一样，说话简洁明了，友善随和。他把自己的思想总结成格言，充满了想象力，总是给人惊喜。布朗库西让我们真正理解了一块块石头、大理石和树干。换句话说，他教会我们如何尊重材料的形状，那些自然或偶然形成的形状，以此为出发点，找到合适的雕塑结构。[1]

---

[1] 伊里纳·科德雷亚努，"布朗库西的学徒制"（Ucenicie la Brancusi），《布朗库西学术论坛，布加勒斯特，1967年10月13—15日》，布加勒斯特，1968，第57—8页。

伊里纳还记得，有时候布朗库西会播放罗马尼亚民间音乐，她伴着小提琴跳舞，舞伴经常是他的朋友罗马尼亚作曲家米哈伊·米哈伊洛维奇（Mihai Mihailovici）。还有些时候，"他会编排舞蹈……以便凸显这位著名舞蹈家的优雅姿态和奇特的节奏"[1]。

有两张照片记录了伊里纳·科德雷亚努在布朗库西工作室里的情景，她穿着布朗库西为她设计的演出服，但我们不知道布朗库西设计这套演出服的缘由，也不知道伊里纳究竟有没有穿着它参加公演。[2] 我们只知道，1929 年 7 月 6 日，她出演了在米歇尔歌剧院上演的著名的《毛心派对》(Soirée du Coeur à barbe)，当时，特里斯坦·查拉（Tristan Tzara）的《气心》(La Coeur à Gas) 也在此上演，其中用到了索尼娅·德洛奈设计的硬纸板演出服。同时，"伊利亚兹德（Iliazde）在演出前最后一刻加上了一首他钟爱的诗歌，也给莉济卡·科德雷亚努跳的那支舞增添了一抹亮色"。在这个达达主义晚间剧场里，她有没有穿上布朗库西为她设计的演出服呢？布朗库西这异想天开的行头一定十分应景，我们不知道她的舞蹈使用了什么配乐，但很可能是出自萨蒂之手。布朗库西设计的演出服是一件土气的裙子，配有怪异的头饰，头饰由两个圆锥形的、女巫帽似的东西组成，看起来像是用硬纸板做成的。一张照片中，

---

[1] 伊里纳·科德雷亚努，"布朗库西的学徒制"，第 58 页。
[2] 亚历山大·伊斯特拉蒂，纳塔利娅·杜米特雷斯库，《布朗库西》，第 145 页。

舞者头戴一个圆锥，像女巫帽一样高耸着，上面画有一条黑线，从锥底直通锥尖；另一张照片中的样子更荒唐，两个圆锥上画着螺旋形线条，锥底盖着耳朵，锥尖向外岔开。这套服饰让舞者看上去像个小丑，但她表情严肃，身姿高雅，形成了强烈反差。[1]

布朗库西虽然与杜尚和弗朗西斯·皮卡比亚（Francis Picabia）是好朋友，但却并未直接参与达达主义之中。1920年3月27日，布朗库西参加了布勒东举办的皮卡比亚《食人宣言》（Manifeste Cannibale）朗读会。5月26日，《食人宣言》在夏沃音乐厅上演。观众们目睹了一幅难以直视的达达主义画卷。舞台上，布勒东在每个塔尖系上一把左轮手枪，埃吕雅（Eluard）扮演芭蕾舞女演员，弗伦克尔（Fraenkel）身着围裙，苏波（Soupault）穿着衬衫袖子，所有其他达达主义者都头戴管状道具。布雷东开始朗读《食人宣言》，观众向他扔番茄，现场一片混乱。[2] 布朗库西站在边厢，他身旁是一个年轻女子，按计划她要赤裸身体上台，大骂"**他妈的!**"，她自然当场吓得动弹不得。布朗库西告诉她，不要过分介意别人觉得她应该怎么做，只管去做就好了，最后一切进展顺利。[3]

---

1 桑达·米勒，《康斯坦丁·布朗库西作品研究》，牛津，1995，第184页。
2 汉斯·里希特（Hans Richter），《达达主义：艺术和反艺术》（*Dada：Art and Anti-Art*），伦敦，1978，第181页。
3 亚历山大·伊斯特拉蒂，纳塔利娅·杜米特雷斯库，《布朗库西》，第135—6页。

当然，1916年，苏黎世的达达主义运动发起人之一正是特里斯坦·查拉（1896—1963），也是罗马尼亚人，原名萨穆埃尔·罗森施托克（Samuel Rosenstock）。他1915年来到苏黎世，1919年前往巴黎。期间，他成了伏尔泰酒馆创始人中的关键一员，其他成员都是来自世界各地的不得志的知识分子和艺术家，包括雨果·巴尔（Hugo Ball）及其女友埃米·亨宁斯（Emmy Hennings）、让·阿尔普、马塞尔·扬科（Marcel Janco）、理查德·许尔森贝克（Richard Huelsenbeck）等。一个达达主义者记得查拉身材不高，却狂放不羁：

> 他像个大卫（David），知道怎样痛击每个歌利亚（Goliath），用石头、泥土或大粪，准确无误地击中要害，不在乎是否妙语连珠，出言顶撞，或是唇枪舌剑。生活和语言是他偏爱的艺术，环境越喧嚣，他越活力十足。我们根本想象不到，还有什么是查拉不知道的，还有什么是他不会做，不敢做的，他狡黠的笑容充满了幽默和诡计。和他在一起，永远不会感到无聊。[1]

1921年，查拉首次造访布朗库西工作室。7月12日，他提前写了一封信寄给布朗库西，态度十分恭敬：

---

[1] 汉斯·里希特，《达达主义》，第18—19页。

亲爱的朋友，我和皮卡比亚女士、曼·雷，还有一位美国女士特别希望明天晚饭后去拜访您。不知是否方便。我真的很期待见到您。若有不便，请您告知。若回信，请寄第六书店（转查拉）。

签名下方画了一朵花，下面还写着"睁大眼睛"。[1]

几乎同一时间，布朗库西还结交了两位罗马尼亚诗人：伊拉列·沃龙卡（Ilarie Voronca）（1903—1948）和本杰明·丰丹（Benjamin Fondane）（1898—1944）。1929年，沃龙卡委托布朗库西为他的一卷诗歌《动植物》（Plante si animale）配图，这卷诗集同年在巴黎出版。布朗库西为其贡献了三幅钢笔素描。这三幅画精美幽默，表现了布朗库西对自然世界的热爱。画中有一头尾巴卷曲、一脸茫然的母牛，另有一只蜗牛和几只飞鸟，这些鸟简化为盘旋在天空中的三角形，需要发挥想象力才能认出它们是什么，但这些和其中一幅画中抽象的阿尔普式构图法相去甚远。[2]

布朗库西还画有诗人本杰明·丰丹的肖像。当时，丰丹完全不为人知，也尚未获得认可，但他的确知识渊博，

---

[1] 亚历山大·伊斯特拉蒂，纳塔利娅·杜米特雷斯库，《布朗库西》，第142页。
[2] 巴尔布·布雷济亚努，《布朗库西在罗马尼亚》，布加勒斯特，1976，图70，第245页，《蜗牛和鸟》，1929，图71，第245页，《有角动物》，1929。1929年，这两幅画在布加勒斯特的绘画和印刷沙龙参展。第三幅画未在此书中出现。

兼具诗人、散文家、电影制片人和导演身份。他1923年离开了罗马尼亚，在巴黎安家。在这里，他的第一份工作是雷米（Remy）和让·古尔蒙（Jean de Gourmont）兄弟的私人图书馆员，和他们一起住在他们位于圣父路的公寓里。1928年，丰丹的一部诗集《电影诗的三种情景》（*Trois scenarios ciné-poèmes*）在巴黎发表，其中有曼·雷拍的照片。同时，他还为多种出版物写了许多散文、论文和专题文章，这些出版物中《南方手册》（*Cahiers du sud*）尤其出名。他有一篇文章题为"布朗库西"，于1929年发表在《明星手册》（*Cahiers de l'étoile*）上。[1] 后来，纳粹占领巴黎时期，已经藏身的丰丹被照顾他的人出卖，于是，他随最后一批囚犯被放逐出境，离开德朗西集中营来到奥斯维辛，并于1944年在那里死去。[2]

罗马尼亚作曲家 M. 米哈洛维奇（M. Mihalovici）（1898—1985）也和布朗库西有长期书信往来，时间为1923到1955年，但米哈洛维奇在关于布朗库西的著述中鲜有出现。布朗库西特别喜欢流行娱乐模式，会去蒙帕纳斯的千柱电影院听这位好友用钢琴为当时的无声电影伴奏：

---

1 本杰明·丰丹，"布朗库西"（Brancusi），《明星手册》，1929年9—10月，第708—25页。
2 保罗·达尼埃尔（Paul Daniel），"诗人的命运"（Destinul unui poet），《本亚明·丰多亚努诗集》（*Beniamin Fundoianu：Poezii*），布加勒斯特，1978，第595—642页。

他喜欢去博比诺音乐厅或是蒙帕纳斯剧院。这些地方上演的卧室闹剧最让他着迷。他尤其喜欢一个叫蒙特（Montéus）的演员，这个演员经常在台词中对观众语带讥讽。他喜欢为这个满脸胡须的男人喝彩，声音可以比肩女高音，有时候他和朋友苏蒂纳、格拉诺夫斯基（Granovski）吵闹得不堪，还会被赶出剧院……他喜欢大众舞厅、狂欢节、过山车和跷跷板。这些乐子会让他忆起年轻时的纵情时光。他酒量很大，还从不喝醉。若是朋友醉倒了，布朗库西就从后面揪住他的衣领，拉将起来，让他像陀螺一样旋转。这能让他清醒，继续享受派对。[1]

布朗库西热衷于化装、伪装、角色扮演，展示了他性格中鲜为人知的酒神似的癫狂一面，这一面和他的雕塑中表现出的太阳神似的沉静对照鲜明。他的工作室是完美的布景，让他举办荷马式的宴会，吸引美女前来。他向潜在买家展示自己的雕塑作品；或是觉得来客可能会喜欢它们，就单纯带领他们参观。每当此时，都可谓场面宏大。首先，他会故弄玄虚地揭开雕塑上的防尘布，为作品打上最好的灯光。这还不够，这些作品还会缓缓旋转，令人着魔。同时，他会为这些无法自拔的观众解释作品的含义，或是干脆讲一个有趣的故事。

---

[1] 米哈伊·米哈伊洛维奇，"回忆"（Recollections），参见约内尔·日亚努，《康斯坦丁·布朗库西》，第 50 页。

布朗库西并不是到巴黎之后才开始迷恋化装的。这里有个有趣的故事，也可能只是坊间传闻。从故事里我们发现，在克拉约瓦，布朗库西少年时代就开始男扮女装了，那时他大概18岁。布朗库西的初恋是一个美丽动人、家境贫寒的女孩，名叫伊万娜（Ioana）。她的母亲叫格奥尔基娜（Gheorghina），是个洗衣工。当时，女人流行穿上浆的白衬裙、裤子和齐颈衬衫。一次，在犹太教的普珥节上，康斯坦丁和伊万娜互换了衣服，她穿上他的校服，他穿上她的裙子、衬裙，还在衬衣下塞入马毛，垫高胸部，又戴上一顶大檐帽。就这样，两人在克拉约瓦犹太人贫民窟的大街上闲逛。除了"偷偷接吻"之外，两人之间什么也没有发生，但这个吻意义非凡，布朗库西后来坦陈："这个吻我永生难忘。"[1] 这个故事如果可信，就是最早的证据，证明布朗库西有易装癖，还喜欢穿着打扮。事实上，他是公认的化装大师。

此后，他对纵情欢乐热情不减，巴黎则给了他无数机会，尤其是在**狂欢岁月**中，每周都会有这个或那个社团、慈善机构、富有的社交名流举办化装舞会或特别活动，而巴黎有无数个这样的社团、慈善机构和社交名流。蒙帕纳斯是这些活动的主阵地：

1　V. G. 帕莱奥洛格，《年轻时代的布朗库西》，布加勒斯特，1967，第82页。

有最严肃的艺术家加入进来……你能看到格罗迈尔(Gromaire)打扮成西班牙耶稣会士,穿着长袍,长袍下穿着女士百褶灯笼裤,点缀着粉红丝带……还有布朗库西,他是"化装天才,打扮成街头歌手,或是东方总督。他拿一条旧波斯毛毯披在背上,脖子上戴着一条小铃铛串成的项链,绝对可以以假乱真"。[1]

对下面这则发生在 1922 年的轶事,人们会作何感想?尼娜·哈姆内特回忆道:

我先在蒙帕纳斯的瑞典餐厅……吃了晚饭。11 点左右,我们一起去了布瓦西当格拉街。我们发现玛丽·比尔博姆(Marie Beerbohm)、毕加索、毕加索太太(Madame Picasso)、玛丽·洛朗森、谷克多、莫伊兹(Moise)、拉迪盖(Radiguet)和布朗库西都在那里。他们在喝香槟,我们便也入席……那晚的活动很成功。随后,我和布朗库西、拉迪盖一起前往蒙帕纳斯,拉迪盖穿着一套礼服。布朗库西家离蒙帕纳斯不远,他说他想送我回家。1 点 55 分,我们来到多摩咖啡馆,刚好赶上买些香烟。布朗库西突发奇想,对我和拉迪盖说:"咱们现在去马赛吧。"我傻傻地说,我要回家了。我以为他在开玩笑,就回家了……就这样,几个小时后,布

---

[1] 让-保罗·克雷斯佩勒,《蒙帕纳斯鼎盛时期的日常生活,1905—1930》,巴黎,1976,第 132—3 页。

朗库西和拉迪盖乘火车去了马赛。他们没有带任何行李,拉迪盖还穿着礼服。在前往马赛的途中,他们决定,既然出发了,干脆再去一趟科西嘉岛吧。他们到达马赛后,拉迪盖在一个水手商店买了几件衣服,然后乘船去了科西嘉岛。他们在那里停留了两周。[1]

两人回到巴黎后的一天晚上,布朗库西在圆亭咖啡馆遭到了几个朋友的责难。最生气的当然是拉迪盖当时的男朋友让·谷克多。然而后来,谷克多想通了,写信告诉布朗库西,自己不生气了,其实自己是赞同"这种事情"的。[2] 1922 年 1 月 22 日的一封信中,谷克多向布朗库西道歉,说自己"昨天见面时不该那么失态……我完全赞同这种事情,我只是讨厌那些**伪君子**,他们根本不知道什么是新鲜感和一时兴起"。谷克多发现拉迪盖回来之后容光焕发。对于拉迪盖来说,谷克多的帮助比圆亭咖啡馆的环境更有效。[3]

布朗库西也很喜欢结交女性。他最有名的女朋友自然要数马吉特·波嘉尼(1870—1964)了。1910 年,她从布达佩斯来到巴黎学习绘画,很快就见到了布朗库西。尽管帕莱奥洛格对她多有偏见,但她还是在竞争激烈的法国首

---

[1] 尼娜·哈姆内特,《大笑的身躯》,伦敦,1932,第 195 页。
[2] 亚历山大·伊斯特拉蒂,纳塔利娅·杜米特雷斯库,《布朗库西》,第 146 页。
[3] 多依娜·莱姆尼,《档案》,第 177 页。

都赢得了一席之地。1910年在大皇宫举办的沙龙上，她的"两幅画作有幸与马蒂斯、杜尚、杜尚-维永（Duchamp-Villon）、莱姆布鲁克的作品一同参展。这两幅画作是《静物画》（*Nature morte*）和《读书的女子》（*Femme lisant*）"。[1] 她和布朗库西的关系跨越了26年（1911至1937年）之久，《遇见布朗库西2001》中收录了她写的19封信和一张明信片。[2] 从中可以看出，他们之间感情真挚，年轻时充满浪漫情怀，后来逐渐成熟，浪漫变成了永恒的友谊。一次，布朗库西公开对帕莱奥洛格承认，自己爱上了波嘉尼。帕莱奥洛格即将于1915年持外交护照前往布达佩斯，而波嘉尼恰好在此居住，于是布朗库西对他说："你告诉她，就说是我说的，我爱上了她，现在还爱着她——伊万娜之后，我还没有爱上过任何人呢。"[3]

布朗库西和艾琳·莱恩的关系非同一般。1922年，莱恩从美国来到巴黎，经莉济卡·科德雷亚努介绍，结识了布朗库西。莱恩刚刚悔婚，为了逗她开心，布朗库西邀请她一起去罗马尼亚旅行，时间为9月11日到10月7日。算上1月和拉迪盖"私奔"前往科西嘉岛，这是布朗库西一年中第二次说走就走的旅行。一个有趣的细节把这两件

---

[1] 1910年沙龙，香榭丽舍大皇宫，《展品目录：马吉特·波嘉尼》（*Catalogue des œuvres exposées : Margit Pogany*），第960号；《静物画》，第961号；《读书的女子》，第153页。
[2] 多依娜·莱姆尼，《康斯坦丁·布朗库西》，雅西，2005，第203—19页。
[3] V. G. 帕莱奥洛格，《布朗库西，布朗库西（二）》（未发表的手稿，完成于1976年），第120页。

事联系在一起:这两次旅行中,布朗库西都假装是年轻旅伴的父亲。登上开往科西嘉岛的船之后,布朗库西问船上的餐厅老板道:"先生,能否告诉我,船上哪儿能找女人?我不是为自己问的,是为我儿子问的。"[1] 几个月后,他告诉艾琳·莱恩:"别担心,我假装你是我女儿。"他们乘坐豪华列车前往罗马尼亚,莱恩事后回忆起这段旅程,仍然满心感激。在罗马尼亚,他们去了特尔古日乌和佩什蒂沙努,布朗库西曾在这两个地方求学。返回巴黎途中,他们在罗马和马赛短暂停留,分别住在萨沃伊酒店和辉煌酒店。[2]

在船上餐厅里,布朗库西称拉迪盖是自己的儿子,显然只是开个玩笑。但他称莱恩为自己的女儿,乍看就有些说不通了。因为在佩什蒂沙努,在家人和朋友面前,布朗库西介绍说,莱恩是自己的女儿,对双方来说都很尴尬。如果布朗库西结婚了,安顿下来了,有孩子了,他的家人本应该最先知道。当然,布朗库西一定又是在开玩笑,因为他探亲一结束就给弟弟杜米特鲁写了一封信,信中称艾琳·莱恩为"莱恩小姐",语言很正式,他在**附言**中写道:"莱恩小姐很高兴,她让我转达她的祝福,还说十分想念侄子们。"[3]

很快,艾琳·莱恩回到了美国,嫁给了一个叫霍华

---

[1] 亚历山大·伊斯特拉蒂,纳塔利娅·杜米特雷斯库,《布朗库西》,第147—8页。
[2] 亚历山大·伊斯特拉蒂,纳塔利娅·杜米特雷斯库,《布朗库西》,第146页。
[3] 巴尔布·布雷济亚努,"布朗库西的开端",《罗马尼亚艺术史杂志》,第一卷,第2期,1964,第85—100页。

德·马丁代尔·金尼（Howard Martindale Kinney）的人。第二年，她又回到巴黎，作了短暂停留。随后，她于1923年10月30日写信给布朗库西说，她对布朗库西的爱不仅仅是晚辈对长辈的爱，而且认为布朗库西也表达了同样的感情："再次相见，不胜欣喜，但看到你难过，我也十分伤感。我爱你，却不敢表达，因为我已经没有资格表达了，这让我痛彻心扉。"[1]

1920年代，布朗库西还有过其他几段感情。其中有个对象叫玛尔特·莱布赫茨（Marthe Lebherz），布朗库西喜欢称她为**金发碧眼的伊索尔特**，两人有过一段风流往事。玛尔特是一个富有的瑞士医生的女儿。为了给他们的秘密关系打掩护，不让她有名望的家人知晓，1926年初次到纽约出差期间，布朗库西聘请她作自己的"私人秘书"。《遇见布朗库西2001》中收录了两人你侬我侬的书信，展示了布朗库西对这位妙龄女子的爱意：两人发生关系时，他称她为**通通**，称自己为**坦坦**，想必玛尔特也是这样称呼布朗库西的。布朗库西甚至打算写一本书，名叫《通通和坦坦的爱情故事》（*L'Histoire d'amour de Tonton et Tantan*），为此还把所有玛尔特的来信按照时间顺序排列，锁在一个手提箱里。这段感情其兴也勃，其亡也忽，1928年便无疾而终。[2]

布朗库西的众多情人中，英国音乐会钢琴家薇拉·穆

---

[1] 桑达·米勒，"布朗库西的女人们"，《阿波罗》，2006年3月，第59页。
[2] 多依娜·莱姆尼，"朋友们"（Les Amis），《遇见布朗库西》，第213—15页。

尔（Vera Moore）的地位非常特殊。1930年，54岁的布朗库西结识了穆尔。1934年，两人的儿子约翰（John）出生，但布朗库西从未承认这是自己的孩子。不过布朗库西和穆尔的关系一直持续到他1957年去世。《遇见布朗库西2001》收录了"40份资料，证明薇拉·穆尔是布朗库西最后一个情人，也是他最重要的情人之一"[1]。在日常生活层面，布朗库西和众多上层社会女性结为好友，其中有莱奥妮·里库、小尤金、迈耶夫人、热内·伊拉娜·弗拉雄男爵夫人、南希·丘纳德和佩吉·古根海姆。[2] 他还给一些情人、朋友、赞助人制作雕像。这些作品中最有名的是《波嘉尼小姐》和《公主X》。南希·丘纳德和莱奥妮·里库分别是《少女的风姿》（*Jeune fille sophistique*）和《L. R.女士》（*Mme L. R.*）的原型。

众所周知，布朗库西讨厌学院派人物肖像，但我们如果回顾他最早的雕像，例如1905年创作的维多利亚·瓦希德的雕像（现在只留下照片）[3]，能够发现他与自然主义表现手法渐行渐远。我们在维多利亚·瓦希德雕像中看到的，是用现实主义手法塑造的一位年轻美丽的女性，有着时髦的发型。[4] 由此我们可以窥见，当时布朗库西的雕塑正从

---

[1] 多依娜·莱姆尼，"朋友们"，第218—21页。
[2] 多依娜·莱姆尼，"朋友们"，第215—18页。
[3] 亚历山大·伊斯特拉蒂，纳塔利娅·杜米特雷斯库，《布朗库西》，图21，第276页，《维多利亚·瓦希德女士》（*Mme Victoria Vaschide*）。
[4] 桑达·米勒，《布朗库西的女人们》，第59—63页。

学院派风格向后来特立独行的风格过渡，两个意义深远的例证是《热内·弗拉雄像》(*Portrait of Renée Frachon*) 和《波嘉尼小姐》。总的来说，这两件作品和它们各自的原型相比，仍有格式塔层面上的相仿之处，但布朗库西后来的女性雕像就有了显著不同。我们即便竭尽所能，也不一定能看出这个顶端簇成一髻的木质图腾柱和照片上漂亮的交际花莱奥妮·里库有何关系。[1] 布朗库西把这个雕像叫作《L. R. 女士》，一定是为了表达他的某种想法。我们或许可以从布朗库西本人那里找到解释。他留下的几句格言中，有一句在这里十分应景："简洁不是艺术的追求，但我们在追求事物的真正含义时，会不由自主地收获简洁。"[2]

如他的朋友埃里克·萨蒂，布朗库西也关注了柏拉图的《对话集》，他对"本质"的追求体现了柏拉图的观念主义哲学。布朗库西有此发现，或许是受到了萨蒂钻研、创作《苏格拉底之死》的影响。两人都使用了新近出版的柏拉图对话集的法语译本，这本译著出自维克托·库辛 (Victor Cousin) 之手，萨蒂对其进行了独具特色的改编。[3] 从布朗库西个人图书馆的目录中，我们可以看出，他有很多有趣的爱好。他喜欢买文学和诗歌书。他最喜欢朋友们写的、出版的、编辑的著述，通过收藏这些书、文章和杂

---

[1] 桑达·米勒，《布朗库西的女人们》，第59—60页。
[2] 《本季》（艺术增刊），第一卷，第1期，巴黎，1925，第235—7页。
[3] 罗杰·沙特克，《盛筵之年：法国先锋艺术起源，从1885年到第一次世界大战》，纽约，1968，第161页。

志，表现出他对朋友的忠诚和尊敬。我们不难发现阿波利奈尔、桑德拉尔、谷克多、杜尚、保罗·莫朗、曼·雷、安德烈·萨尔蒙和特里斯坦·查拉的名字。[1] 布朗库西还对当代哲学感兴趣，但仅限于亨利·柏格森（Henri Bergson）和数学家亨利·庞加莱（Henri Poincaré）的著作。他有两本柏格森的著作，《材料与记忆》（*Matière et memoire*）和《创造进化论》（*L'Evolution créatrice*），均出版于1914年，影响深远。《创造进化论》的第三章中，布朗库西用铅笔画出了一些粗重的下划线："生命的意义：自然的秩序和智慧的形式"。布朗库西还对建立在亨利·庞加莱提出的第四维假说基础上的新理论感兴趣。艺术家们大都很喜欢庞加莱的论著，还经常阅读研究和解释科学技术的文字。例如，布朗库西和杜尚都很迷恋关于飞行和飞机的话题。布朗库西的图书馆中有4本庞加莱写的书，《科学的价值》（*La Valeur de la science*）、《科学与方法》（*Science et méthode*）、《科学与假设》（*La Science et l'hypothèse*）、《最后的沉思》（*Dernières pensées*），说明他对这些热门思想很感兴趣[2]。

编目工作结束后，图书馆中的一些藏书就被搬走了，其中有一卷柏拉图《对话集》。在第118条书目下，有一条

---

1 桑达·米勒，《康斯坦丁·布朗库西作品研究》，第195—6页。
2 亚瑟·米勒（Arthur Miller），《爱因斯坦和毕加索：制造混乱的空间、时间和美》（*Einstein Picasso：Space，Time and the Beauty that Causes Havoc*），伦敦，2002。

注释:"柏拉图作品全集(书皮)",这可能是是指加尼耶经典出版社出版的一套对话集的书皮,这套对话集包含《伊安篇》(*Ion*)、《吕西斯篇》(*Lysis*)、《普罗泰戈拉篇》(*Protagoras*)、《菲德洛斯篇》(*Phaedrus*)和《会饮篇》(*Symposium*)。[1]

是否可以认为布朗库斯为女性模特创作的雕像是柏拉图式的本质的物质化身呢?布朗库西对好友、传记作家卡萝拉·吉迪恩-韦尔克坦陈:"我一生都在努力捕捉飞翔的本质。"[2] 或者可以说,他追求的其实是柏拉图式的终极本质,即存在的本质。在《会饮篇》中,苏格拉底转述了一段关于爱情的言论,这段话他曾听一个女人说过,这个女人正是曼底内亚的狄欧蒂玛(Diotima)。在这场特殊的宴会上,爱情是辩论的主题,苏格拉底用这段话来表达自己的见解。最后,狄欧蒂玛对听得入神的苏格拉底说:

> 一个人看到绝对的美的本质,那种纯粹的、纤尘不染的本质,看到未遭人类肉体、肤色、成堆的必然消亡的垃圾玷污的美丽,他就能理解茕茕孑立、形影相吊的神圣之美。此时,他感受到的喜悦是什么样的?一个人注视着那个方向,

---

[1] 马里耶勒·塔巴尔,"布朗库西个人图书馆目录,1960"(Inventory of Brancusi's personal library, 1960),布朗库西档案,巴黎蓬皮杜艺术中心国家艺术文化中心。
[2] 卡萝拉·吉迪恩-韦尔克,《当代雕塑:体积和空间的演变》,伦敦,1960,第140页。

有能力理解绝对的美,永远和美融为一体,你能说这样的人生过于贫乏吗?[1]

这段话认为人能够理解绝对的美,布朗库西也用一句广为流传的格言表达了同样的信念:

> 我给你纯粹的快乐。观看我的雕塑,你才能理解。最接近神的人才会理解。接近神就意味着抛弃偶然,专注于原则和事物的本质,把目光聚焦于绝对。[2]

布朗库西的话是金钥匙,能够帮助我们解锁雕像呈现的神秘的形体,透过偶然的样态,理解它们的本质。

---

[1] 柏拉图,《会饮篇》,沃尔特·汉密尔顿(Walter Hamilton)译,哈蒙兹沃思,1951,第 95 页。
[2] 约内尔·日亚努,"布朗库西艺术中的传统和多面性"(Tradition et universalité daus l'art de Brancusi),参见彼得鲁·科马尔内斯库,米尔恰·伊利亚德(Mircea Eliade),约内尔·日亚努,康斯坦丁·诺伊卡(Constantin Noica),《布朗库西:引论和证言》(*Brancusi: Introduction, Témoignages*),巴黎,1982,第 141 页。

7 特尔古日乌

1934年,戈尔日县罗马尼亚妇女全国联盟倡议建造一个纪念碑,纪念第一次世界大战中因抵抗德军、保卫特尔古日乌而丧生的军人。最初,有人希望委托雕塑家米利策·彼得拉什库(Militza Petrascu)来做这项工作。彼得拉什库已经完成了一座位于特尔古日乌的公共纪念碑,用来纪念当地女英雄埃卡特琳娜·特奥多罗尤(Ecaterina Teodoroiu),这是一座古典石棺,刻有浮雕。彼得拉什库没有接受戈尔日县妇联的委托,而是推荐她曾经的**师父**布朗库西来做这个项目。[1] 随后,她写信给布朗库西,说明了这项提议,布朗库西回信说,他很高兴能为自己的祖国罗马尼亚作出一份贡献:

> 惠书收悉,不胜欣喜,迟复为歉。我原本打算不写回信,计划亲自到罗马尼亚见你,给你一个惊喜。我十分怀念我们

---

1 亚历山大·伊斯特拉蒂,纳塔利娅·杜米特雷斯库,《布朗库西》,巴黎,1986,第212页。

祖国大地冰雪覆盖的样子，长大后就再也没见过了。当时，我想尝试在布加勒斯特组织一场展览，但突然生病了，一切都变得一团糟，计划也泡汤了。我决定 5 月回去，一想到能为我们的祖国作点贡献，我就兴奋不已。我能获此殊荣，要感谢你和特特雷斯库夫人（Mme Tatarescu）。我手头的所有工作都是很久以前就开始了，现在都基本完结。我觉得我现在的努力都是一种积淀，马上就要迎来质的飞跃。因此，你提议的项目来得真是恰到好处。[1]

这个项目需要娴熟的手艺，并且需要技术支持，为此，布朗库西邀请斯特凡·杰奥尔杰斯库-戈尔扬（Ștefan Georgescu-Gojan）协助工作，这是他童年好友扬的儿子。1935 年 1 月，年轻的工程师斯特凡拜访布朗库西工作室，布朗库西提起了特尔古日乌的纪念碑项目。这个项目"让他尽心竭力，即将从设想变成现实"。[2]

1937 年夏，布朗库西来到特尔古日乌。斯特凡记得，7 月 25 日，布朗库西邀请他散步，他们围绕选来竖起《无尽之柱》的地点走了一圈。斯特凡回忆道："那片荒地上堆满了干草垛，旁边有一排矮房，我不记得我们"闲聊"《无尽之柱》时有没有频繁提起那片荒地的名字，但接下来的

---

[1] 巴尔布·布雷济亚务，"未曾发表的布朗库西书信"，《罗马尼亚艺术史评论》，第一卷，第 1 期，1964，第 385—400 页。
[2] 斯特凡·杰奥尔杰斯库-戈尔扬，"无尽之柱"，《罗马尼亚艺术史评论》，第一卷，第 1 期，1964，第 279—93 页。

几个月里,我和布朗库西都用"干草市场"称呼那片即将竖起《无尽之柱》的地方。"后来,这位工程师给这片荒地拍了一张照片,布朗库西用这张照片作为背景亲手画出了《无尽之柱》最早的轮廓。[1]

虽然《无尽之柱》的相关工作始于1937年,但正如布朗库西在写给彼得拉什库的信中所说的那样,其构思"很早以前"就有了。卡萝拉·吉迪恩-韦尔克回忆到,早在1916年,布朗库西因为惊异于树木播种和生长的方式,"仅用了三天,就用一棵壮硕的树干创作了他的第一根柱子"。[2] 吉迪恩-韦尔克的说法只有照片为证,但应该可以确定,布朗库西在1916年创作了他的第一根柱子。后来,他又用木头制作了几件这样的作品,最终才有了坐落在特尔古日乌、用不锈钢和铸铁制成的杰作。[3] 这些木柱中,只有一件有详细记录。这根九节木柱是布朗库西为爱德华·斯泰肯的庭院而做。美国摄影师斯泰肯是布朗库西的朋友,住在位于巴黎郊区的武朗吉。斯泰肯回到美国之后,这套别墅就荒废了,布朗库西将这根木柱锯成不对称的两截,从别墅里搬了出来。曼·雷用照片记录了布朗库西在武朗吉锯断木柱的情景,他回忆道:

---

[1] 斯特凡·杰奥尔杰斯库-戈尔扬,"无尽之柱",第279—93页。
[2] 卡萝拉·吉迪恩-韦尔克,"康斯坦丁·布朗库西的无尽之柱"(Coloana fara sfirsit, a lui Constantin Brancusi),《世纪》(Secolul),第二十卷,第10—12期,1976,第217页。
[3] 桑达·米勒,《康斯坦丁·布朗库西作品研究》,牛津,1995,第205—6页。

斯泰肯回美国去了，再也不回来了，郊区的房子也不要了。布朗库西想取回庭院里竖着的雕塑。这是一根约 30 英尺高的木柱，雕刻出相连的 V 字形，构成锯齿状，取名《无尽之柱》。我驱车来到他的工作室，他坐上车，手里拿着一大盘绳子和一把锯。像所有废宅一样，斯泰肯的房子看起来十分萧索，一些老旧空洞的框架东倒西歪，庭院杂草丛生。但这根柱子昂首挺立在庭院中间，就像一种史前图腾柱，等待着仪式的到来。

不一会儿，布朗库西就把柱子锯成了两截：

> 锯痕完全水平，锯完后雕塑仍然保持原样，就像没有锯过一样……他说，土里还埋着 3 英尺，但问题不大——不管有多长，这就是"无尽之柱"。第二天，他会找一辆卡车来把这两段柱子拉走，随时都能再拼成原样。有朝一日，他要用金属再做一根无尽之柱。[1]

果真如此！从结构上看，《无尽之柱》包含 15 个模块，布朗库西喜欢称其为**珠**，柱子两端各有半个模块收尾。斯特凡·杰奥尔杰斯库-戈尔扬对其制作过程作了详尽记录。最初，布朗库西用木头制作了一个模块，但遇到了一些问

---

[1] 曼·雷，《自画像》，纽约，1979，第 212—3 页。

题:"布朗库西在这段木头上下了很多工夫,花了很长时间,他耐心地雕刻琢磨,一条纹理又一条纹理,一片又一片,删繁就简,突破茧缚,藏起太过显眼的菱形外表。"[1] 8月底,这一模块完工了。随后,布朗库西回到了巴黎,但他一离开,《无尽之柱》的相关工作就立刻开始了。

《无尽之柱》有一个钢制内核,由3节焊接而成,其中一节是方形的,柱子一端有40厘米嵌进一个钢制金字塔形的底座里,底座由水泥包裹,埋在地下5米处,钢制金字塔和水泥构成了隐形底座。地面以上部分由15粒"珠"组成,这些珠子穿在不锈钢内核上,就像项链上的珠子,两端各有半截"珠"收尾。布朗库西为每粒珠子设定了比例,底边长度、中心宽度和高度的比例是1比2比4,接下来需要杰奥尔杰斯库-戈尔扬按比例计算出每粒珠子的具体尺寸,他将其设定为45厘米乘90厘米乘180厘米。这就决定了《无尽之柱》可能达到的最大高度——接近30米,这样它才不会有倒塌的危险。因此这件作品和谐统一的整体来自精确的比例计算。正如一位建筑师所说:

> 1∶2∶4的公式让每一段呈现出塑形的和谐。1/2 + 15 + 1/2是所有整段加上头尾各半段的数学表达式,这让这根柱子有了合适的高度,显得修长又充满活力。《无尽之柱》的秘

---

[1] 斯特凡·杰奥尔杰斯库-戈尔扬,"无尽之柱",第279—93页。

密就藏在这两个算式里。[1]

1935年9月20日,布朗库西在巴黎写了一封信寄给杰奥尔杰斯库-戈尔扬,明确规定了《无尽之柱》的颜色:"材料应该用黄色。组件是否已经铸好了呢?"[2] 虽然《无尽之柱》从形式来看无疑是史无前例的创新,但我们将其理解为一座引人注目的烈士纪念碑并不困难。相比较而言,特尔古日乌雕塑群的其他纪念模块就不那么直白了,如《吻之门》(Gate of the Kiss)、《沉默的桌子》(Table of Silence),以及从《吻之门》通向日乌河的小径两旁的凳子和长椅。虽然布朗库西最初是想竖起一根柱子,但阿雷蒂·特特雷斯库(Arethie Tătărăscu)希望看到的似乎是座凯旋门。因此布朗库西答应,自己的规划中会有一座凯旋门。[3] 布朗库西会见戈尔日县罗马尼亚妇女全国联盟委员时称,自己打算建造的不仅是"无尽之柱",还有"一个大门"。委员们明确建议布朗库西用一只小公鸡取代《无尽之柱》,但他不同意,解释说:"《雄鸡》(Le Coq galique)不是罗马尼亚的公鸡。它没穿标志性的罗马尼亚军装。我想用没有尽头的柱子来纪念逝者。"[4]

---

[1] 斯特凡·杰奥尔杰斯库-戈尔扬,"无尽之柱",第287—8页。
[2] 斯特凡·杰奥尔杰斯库-戈尔扬,"无尽之柱",第290—92页。
[3] 桑达·特特雷斯库(Sanda Tătărăscu)访谈录,布加勒斯特,1978年5月10日。桑达为阿雷蒂·特特雷斯库之女,布朗库西应邀来到特尔古日乌时她11岁。
[4] 扬·莫乔伊,《康斯坦丁·布朗库西传》,雅西,2003,第304页。

最初，为了满足阿雷蒂·特特雷斯库的要求而建造的大门打算放在公园入口处，后来布朗库西两易其址。他先将其改放在公园内15米的地方，并打好了地基；然后又将其移至另一处，也就是它现在的位置。[1]

这座"凯旋门"有时又叫"大门"或"吻之门"，于1937年10月破土动工，当时布朗库西正在特尔古日乌。10月16日，当地报纸《戈尔日努尔报》(*Gorjanul*) 上刊登了一则启事，宣布阿雷蒂·特特雷斯库夫人"希望告知公众，她决定为本镇捐赠一根纪念柱和一座石门，设计建造者是来自戈尔日县的伟大雕塑家布朗库西"。11月，镇议会批准了这个项目："该项目包含一条小径，起于日乌河，穿过一座大门，它标志着公园的入口"，在"一根高约29米的纪念碑柱"处结束。[2] 布朗库西当月返回了巴黎，此时一张班博托克圆桌已经安放在了河岸边，但当年的档案没有提及第三个模块。1938年上半年，布朗库西出访印度、荷兰和美国。到印度是为了完成一个庙宇委托项目，与其相关的王公暴毙后，这座庙宇也轰然倒塌。6月，布朗库西返回特尔古日乌，参与《无尽之柱》的金属喷涂工作，完成《吻之门》和圆桌、凳子的制作。他定制了32个滴漏计时器形状的凳子，凳子和《吻之门》都使用了当地

---

1 扬·莫乔伊，《康斯坦丁·布朗库西传》，第310页。
2 约内尔·日亚努，"特尔古日乌雕塑群"(L'Ensemble monumental de Tigru-Jiu)，参见彼得鲁·科马尔内斯库，米尔恰·伊利亚德，约内尔·日亚努，康斯坦丁·诺伊卡，《布朗库西：引论和证言》，巴黎，1982，第54页。

的班博托克石灰岩。30 个方凳放在小径两侧的 10 个卡槽中，每个卡槽放 3 个方凳，12 个圆凳放在桌子周围，都由上下叠加的两层石板组成。[1] 后来 V. G. 帕莱奥洛格如此解释布朗库西对这个雕塑群面积的要求：

> 要想恰到好处地呈现布朗库西的雕塑需要开阔的空间。这些雕塑本身体积很大，需要其承载空间能够具有相应的节奏和比例，营造出**庄严雄伟**的气氛。布朗库西尝试为自己的作品营造合适的空间，所使用的方法主要是雕塑这种建筑元素，尤其是他最纯粹的雕像。特尔古日乌雕塑群正是如此……他在这里建造了一个《无尽之柱》的复制品……一个《英雄门》（Gates of the Heroes），穿过这道门就能看到《圆桌》（Round Table）。[2]

布朗库西在罗马尼亚的好友约内尔·日亚努一眼就认出，《沉默的桌子》周围的 12 个凳子是"农民家具的再现"。[3]

1938 年夏，一个名叫扬·亚历山德雷斯库的年轻石匠从布加勒斯特来到特尔古日乌，前来帮助布朗库西雕刻

---

[1] 扬·亚历山德雷斯库（Ion Alexandrescu），"回忆布朗库西"（Amintoire despre Brancusi），参见扬·莫乔伊编，《言说布朗库西》（Marturii despre Brancusi），特尔古日乌，1975，第 36—45 页。
[2] V. G. 帕莱奥洛格，《康斯坦丁·布朗库西》，布加勒斯特，1947，第 46 页。
[3] 约内尔·日亚努，《康斯坦丁·布朗库西》，伦敦，1963，第 58 页。

《吻之门》门梁上的饰带。他对这次的经历的记述显示了布朗库西对待自己工作的态度何其严谨：

> 我们约定，我每天早晨9点到达布朗库西下榻的旅馆。他的房间在一层，室内陈设很简单：一张床、一个面盆、一个简单的橱柜、两把餐椅、一张小桌，橱柜旁放着一个行李箱，除此之外，拼花地板上还有很多空间。他在地毯上展开一张足足2平方米大的纸，或是坐在餐椅上，或是站着，拿一根长长的手杖，手杖前端绑一根炭条，在纸上写写画画。他画出一些或简单或纠结的线条，构成树叶图案，是苹果树叶，中间打上阴影，就好像这是通向某种闪亮之物的大门；另一张纸上，他用近乎笔直的线条画出一团高高的火焰。我一点都看不出他画的是什么，但我也不敢问。[1]

他们每天工作三四个小时，然后布朗库西喜欢去逛当地的市场。他总是带着相机，对着农民闲谈、讨价还价、匆忙赶路的样子摄影摄像。他还喜欢拍摄日常家居用品，如盘子、罐子、锅、木勺、衣服，尤其是女士民族服装。有时，他和亚历山德雷斯库在田野里散步，"他会拍摄玉米穗或者各式各样成片的花朵"。漫步中，"只要看农民在马车的阴影里吃东西，布朗库西就会走上前去攀谈"，他还会

---

[1] 扬·亚历山德雷斯库，"回忆布朗库西"，第36—45页。

"对着他们劳作的情景摄影摄像"。[1]

亚历山德雷斯库还记得,布朗库西给他分析了特尔古日乌三件套的象征意义,听起来晦涩难懂,这位大师还对此进行了进一步解释。亚历山德雷斯库承认,布朗库西的解释对他来说好似天书:

> 人生的旅途始于家庭,始于父母的家庭。你走不同的路径,从一个阶段来到另一个阶段,有时被爱所困,有时追求永恒的荣耀。这就是桌子和凳子的意思,即消失的家庭,陷入沉寂但无法忘记的家庭。路径交合,轨迹分岔,凳子聚集成群……《吻之门》是青春的最后一站。由此,人可以理解许多东西。人爱生活,爱自己;长椅是漫漫长路,通往永恒荣耀的人生之路,《无尽之柱》象征永恒的荣耀。[2]

特尔古日乌雕塑群有一个总体规划。笔直的中轴线穿过小镇,连接干草市场中心的《无尽之柱》和坐落在公园里的《吻之门》;一条小径从《吻之门》通向河边的《寂静的桌子》,两侧共有 30 个滴漏形方凳,每 3 个一组,安放在卡槽中。这个总体规划可谓十分雄伟,但到了把各部分安放就位的时候,问题来了。连接《无尽之柱》《吻之门》

---

[1] 扬·亚历山德雷斯库,"回忆布朗库西",第 40—41 页。
[2] 扬·亚历山德雷斯库,"回忆布朗库西",第 43 页。

和《寂静的桌子》的轴线中间有座圣徒大教堂,教会认为这个规划不妥。布朗库西就此事和其他干扰因素请示了特特雷斯库夫人和罗马尼亚妇联,得到答复说,教堂即将搬迁到别的地方,其他问题也会妥善处置。1938年10月,布朗库西回到特尔古日乌参加雕塑群揭幕仪式,他发现当时的问题并没有解决:教堂还在原处;一条铁路从《无尽之柱》后面经过,原本承诺铁路改线,但并未实施;按照设计,要有树木荫蔽"英雄大道",但并未种树。[1] 更让人心痛的是,特特雷斯库夫人邀请罗马尼亚国王卡罗尔二世(Carol II)参加教堂的祝福仪式,或许是预见到布朗库西的现代主义作品会造成消极影响,这一安排则不动声色地转移了公众的注意力。卡罗尔国王如期而至,恰到好处地避开了雕塑群,只参加了宗教仪式。

最终呈现的雕塑群三件套包含《无尽之柱》《吻之门》和《寂静的桌子》,然而事实证明,特尔古日乌知识分子阶层远远没有作好接受这种不折不扣的现代主义的准备。约内尔·日亚努注意到,参加揭幕仪式的人摩肩接踵,都是一脸完全不知所措的表情。他们面对一座自己无法理解的雕塑,"笑得前仰后合",但"农民们都对其宠爱有加,因为他们认出这里包含了他们民族家具的古老样式"。那些支

---

[1] 这些细节由 V. G. 帕莱奥洛格和他的儿子特雷蒂亚·帕莱奥洛格(Tretie Paleolog)(也是研究布朗库西的学者)告诉约内尔·日亚努。参见约内尔·日亚努,"特尔古日乌雕塑群",第55页。

持学院派艺术的保守人士对此深感惊恐焦虑，这毫不意外，而罗马尼亚的法西斯主义媒体都以德国纳粹为榜样，开展反对堕落艺术的运动，认为特尔古日乌的新雕塑恰是堕落艺术的集大成者。布朗库西"对此深恶痛绝，但他对这些诋毁仅仅付以轻蔑的一笑"。[1]

面对甚嚣尘上的反对声，布朗库西仍然对自己和杰奥尔杰斯库-戈尔扬的合作成果信心十足。在特尔古日乌的《无尽之柱》落成多年以前，他甚至实实在在地考虑过建造一根更高的柱子，一根"巨型"柱。早在1926年，布朗库西前往纽约参加他在布鲁默美术馆举办的展览的开幕式，接受了弗洛拉·梅里尔（Flora Merrill）为《纽约世界报》（*The New York World*）所做的采访。他提到，他希望在中央公园建造一根"无尽之柱"。"它比任何建筑都要高，是你们华盛顿方尖碑的3倍高，底座也要相应增大，宽60米，甚至更宽。"柱子用金属建造，"每个棱锥体里都设有公寓，人们可以住进去，我会在柱子顶端放上我的鸟——一只巨大的鸟站在无尽之柱顶端"。[2] 这个异想天开的规划并非个例，俄国构成主义者、大胆的梦想家弗拉基米尔·塔特林（Vladimir Tatlin）（1885—1953）也曾有过同样狂妄的想法。塔特林向第三国际提议建造一座纪念碑，并于

---

[1] 约内尔·日亚努，《康斯坦丁·布朗库西》，第57页。
[2] 弗洛拉·梅里尔，"灵魂雕塑家布朗库西将在中央公园建'无尽之柱'"（Brancusi the Sculptor of the Spirit, Would Build "Infinite Column" in Park），《纽约世界报》，1926年10月3日。

1919年获美术部批准。按计划，纪念碑将坐落在莫斯科市中心。次年12月，已完工的三个模型之一在苏维埃共产党第八次代表大会的展览会上展出。按照提议，纪念碑用玻璃和金属建造，高度是帝国大厦的两倍，具有螺旋形框架结构，支撑起由圆柱体、圆锥体和立方体三部分组成的主体，主体悬挂在可活动的不对称轴心上。圆柱体是演讲会议大厅，每年围绕轴心转动一周；圆锥体是行政会议室，每月旋转一周；立方体是信息中心，每天旋转一周。[1] 塔特林的提议被认定为不切实际，这完全在意料之中，于是这个项目被取消了。令人诧异的是，当时布朗库西的设想竟然有人愿意慷慨资助。此人名叫巴尼特·霍兹（Barnet Hodes），是芝加哥的一名律师。1955年，霍兹表示自己愿意出资在芝加哥的密歇根湖畔建造一根高达122米的柱子。但布朗库西身体有恙，且在1956年11月5日的一封信中解释道，他只考虑用不锈钢建造超过400米的柱子，"这将是世界上的一大奇迹"[2]。如同塔特林对第三国际提议建造的纪念碑，布朗库西的芝加哥之柱也石沉大海。

布朗库西从特尔古日乌返回巴黎，情绪低落。他的好友兼传记作家约内尔·日亚努认为，这种抑郁和沉默是特尔古日乌之行造成的，且一直续存在。在1982年的一篇

---

[1] 卡米拉·格雷（Camilla Grey），《俄国艺术实验，1863—1922》（*The Russian Experiment in Art, 1863—1922*），伦敦，1976，第225—6页。
[2] 亚历山大·伊斯特拉蒂，纳塔利娅·杜米特雷斯库，《布朗库西》，第256—9页。

文章中，日亚努坚持认为，他所说的沉默在布朗库西去世之后依然存在。据日亚努所说，1938年后，布朗库西就对特尔古日乌雕塑群只字不提。1939年，马尔维娜·霍夫曼（Malvina Hoffman）出版了一本关于布朗库西的书，题为《雕塑内外》（*Sculpture Inside and Out*）；大卫·刘易斯在多次采访布朗库西之后，于1957年发表了一本关于这位雕塑家的著作；而在刘易斯沉寂之时，克里斯蒂安·泽尔沃斯创办的《艺术手册》出版了《纪念布朗库西》（*Homage à Brancusi*）专刊；卡萝拉·吉迪恩-韦尔克在布朗库西生命的最后一年多次前往拜访，伴其左右，并于1959年发表了一本关于这位雕塑家的专著——所有这些文字都同样对特尔古日乌雕塑群只字不提。为证明这一观点，日亚努指出：

> 泽尔沃斯的著作中没有《寂静的桌子》的照片，甚至根本没有提及。在大卫·刘易斯的书中，我们看到一张照片，这是布朗库西提供给他的，下面的标题为"桌子、凳子、门，1937，特尔古日乌，罗马尼亚"。卡萝拉·吉迪恩-韦尔克的专著中，同一张照片再次出现，标题为"石桌和凳子，公园和《吻之门》，1937，特尔古日乌，喀尔巴阡山脉"。[1]

---

[1] 由V. G. 帕莱奥洛格和他的儿子告诉日亚努。参见约内尔·日亚努，"特尔古日乌雕塑群"，第55—6页。

日亚努所说的长久的沉默持续了"25年"之久,当然只能解释为从1938年布朗库西离开特尔古日乌,到1963年他去世6年后日亚努关于这位雕塑家的第一本专著出版。值得注意的是,这本专著的第一版中,日亚努有两处引用出自马尔维娜·霍夫曼1939年发表的著作,记录了布朗库西早年对特尔古日乌正在进展的工作所作的评论,语气中洋溢着自豪之情:

> 自然造就植物,植物拔地而起,笔直又强壮:这就是我的"柱子"……柱子的样式从底到顶一以贯之,不需要基座或底座来支撑。它靠自己的力量屹立不倒,风不能摧……再过几天,我就能见到这根高30米的柱子树立在罗马尼亚了。我的一个罗马尼亚朋友曾告诉我,在把我的"柱子"放进他的花园里之前,他从未意识到自己的花园那么美。柱子让他眼界大开……这就是艺术家的责任……揭示美的存在。[1]

布朗库西还对霍夫曼提及过《吻之门》,尤其是雕刻在门梁上的饰带和柱子上的卵形符号:"首先是两个相互拥抱的坐姿人物石像……然后是卵形符号,之后就发展成了可以从中穿过的大门形象。"[2] 布朗库西因自己为特尔古日乌设计的雕塑而意气风发,滔滔不绝,然而这件作品在罗马

---

[1] 约内尔·日亚努,《康斯坦丁·布朗库西》,第55页。
[2] V.G. 帕莱奥洛格,《康斯坦丁·布朗库西》,布加勒斯特,1947,第46页。

尼亚反响冷淡,这让他深感挫败。不过我们发现,布朗库西的多年好友、旅居国外的爱尔兰作家詹姆斯·乔伊斯(James Joyce)在其《芬尼根的守灵夜》(*Finnegans Wake*)(1939)中用两个自创短语来形容布朗库西的特尔古日乌雕塑群:hierarchitectitiptitoploftical 和 celescalating the himals,或许是在说这件作品是"高雅的建筑,具有难以企及的高度,就像一座高傲的尖塔登上了高耸入云的山峰"[1]。

1939年春,布朗库西到访美国,大约一个月后返回巴黎。此时,欧洲的天空愈加阴沉;9月,德国入侵波兰,迫使法国和英国及其帝国成员国对德国宣战,宣告第二次世界大战爆发。1940年6月14日,德国军队迅速攻入巴黎,短短几天之内,法国沦陷。当时,布朗库西已年逾60。他仍然住在自己位于蒙帕纳斯的白色工作室里。他静默无声,身边满是自己的雕塑作品。工作速度放缓,但仍在继续,他制作了两个青铜版本的《空间之鸟》,一个石质版本的《吻》,一个崭新的用带纹灰色大理石做成的《奇迹》(*The Miracle*),以及一个崭新的用白色大理石做成的《飞翔的乌龟》(*The Flying Turtle*)(两年前,他做过一个木质版本)。1955年,大理石版本的《飞翔的乌龟》被送到纽约古根海姆博物馆的布朗库西回顾展上参展,人们错

---

[1] 扬·莫乔伊,《康斯坦丁·布朗库西传》,第350—53页。本处引文参见《芬尼根的守灵夜》,第5页(所有英语版页码相同)。

将其放置得上下颠倒,这让布朗库西耿耿于怀。[1] 战争岁月里,布朗库西回归了动物雕塑。

---

[1] 亚历山大·伊斯特拉蒂,纳塔利娅·杜米特雷斯库,《布朗库西》,第216页。

8　最后的作品，最后的朋友，遗产

第二次世界大战结束于1945年，5年过去了，巴黎的生活条件仍然十分艰苦。英国建筑师兼作家大卫·刘易斯前往拜访布朗库西："拜访他的工作室就像参观一座小岛，岛上一片宁静祥和的气象。"这是布朗库西的绿洲，专属庇护所，让他免遭战乱之苦。布朗库西已经年过七旬，在这位年轻的英国人眼里，他就像个静谧的古人，"身材不高，但很结实，很有一族之长的气势；身穿夹克衫、裤子，头戴白色软质遮阳帽。他时常用一个焦黑的烟嘴抽细雪茄。他胡须灰白，边缘熏染着尼古丁的颜色。他眼睛不大，但目光犀利灵动，洞察力强，深邃沉着"[1]。刘易斯问起"德军占领巴黎"时的情形，布朗库西回答道："战争！战争在沃日拉尔路上来来往往！"他似乎在说，战争并未波及龙桑小巷。

1　大卫·刘易斯，《布朗库西》，伦敦，1957，第5页。

人们见得最多的是汽车修理厂,听得最多的是刺耳的钣金声!布朗库西所在的街道与此形成鲜明对比。龙桑小巷这条小小的死胡同不过是条乡间小路。远端是树和大门。

渐渐地,布朗库西成了名副其实的隐士。1946年,布朗库西对卡萝拉·吉迪恩-韦尔克坦言:"我不再属于这个世界,我已超脱,出离了自我。我的眼里只有事物的本质。"[1] 美国诗人威廉·卡洛斯·威廉姆斯(William Carlos Williams)如是说:

> 他已年过七旬,独自一人住在工作室里,一如既往。他现在特别擅长自己生火烤牛排,远近闻名。他亲自端上牛排,就像一个牧羊人走在家乡的山坡上,头顶群星璀璨。他头发乱蓬蓬的,肩膀宽阔,通常寡言少语,朋友们都觉得他像个牧羊人;此外他曾养过一只白色柯利牧羊犬,名叫"北极星",与他形影不离,看起来就像一对好朋友。[2]

其他先锋艺术家晚年光景如何?例如,毕加索也喜欢女人,但与布朗库西不同的是,他在职业生涯晚年绘制了一些一生中最露骨的情欲画,有人甚至称其为色情画。乔治·布

---

[1] 卡萝拉·吉迪恩-韦尔克,《康斯坦丁·布朗库西》,纳沙泰尔,1959,第198页。
[2] 威廉·卡洛斯·威廉姆斯,"布朗库西"(Brancusi),《艺术杂志》(*Magazine of Art*),纽约,1955年12月,引自约内尔·日亚努,《康斯坦丁·布朗库西》,伦敦,1963,第59页。

拉克于 1963 年去世，此前几年，他一直把自己锁在工作室里，工作室成了他绘画的首要主题；他创造了一个忧郁的微观世界，借此思考转瞬即逝的生命；虽然看不到骷髅和熄灭的蜡烛，但这个世界仍是一种**死亡象征**。这一代艺术家在欧洲先锋艺术的发展历程中起到了关键作用，初了上述几位，还有的如马蒂斯、莱热、米罗（Miló），则和布朗库西相仿——在欧洲战火纷飞的岁月里，他们的创作虽然进展缓慢，但持续不断，创意十足，偏爱重拾古老的主题。战争结束后，巴黎的景象大不相同。两个因素影响深远，造成了巴黎翻天覆地的变化：艺术世界的重心从巴黎移向纽约，以及冷战的爆发。第一个因素主要是经济原因造成的。1948 年，克莱门特·格林伯格（Clement Greenberg）自诩为初露锋芒的美国先锋艺术的官方代言人。他在当年 1 月出版的《党派评论》（*The Partisan Review*）（一份有影响力的左派杂志）中宣称："人们有种感觉（只是一种感觉），如果西方艺术还有下一步发展，将完全取决于其在这个国家的作为。"随后，出现了一次全凭美国人一己之力发起的先锋艺术运动——"抽象表现主义"（Abstract Expressionism），很好地印证了格林伯格的观点。格林伯格认为，这次运动表现出了"表达新鲜内容的能力，不论是法国还是英国艺术都无法企及"。[1]

---

1 克莱门特·格林伯格，"时势分析"（The Situation at the Moment），《党派评论》，1948 年 1 月，引自吉尔博（Guilbaut）,《纽约何以偷换现代艺术概念：抽象表现主义、自由和冷战》（*How New York Stole the Idea of Modern Art：Abstract Expressionism, Freedom and the Cold War*），芝加哥，1983，第 16 页。

与此同时，巴黎的艺术家正面对新的任务：他们认识到，需要找到新的语言来表达战后形势。他们需要为艺术构建新的基础来应对新的社会和伦理难题，这些难题早在1930年代和1940年代初期就已日渐凸显，之后更是迫在眉睫。[1] 因此，1940年代末，一些艺术家如安德烈·富热龙（André Fougeron）仍在宣扬激进的现实主义艺术，但抽象艺术也重获新生。1948年，安德烈·布勒东、让·波扬（Jean Paulhan）、查理·拉坦（Charles Rattan）、亨利-皮埃尔·罗什、米歇尔·塔皮耶（Michel Tapié）和让·迪比费（Jean Dubuffet）成立了布吕特艺术公司（Companie d'Art Brut），推广社会边缘人士、心理失衡人士创作的作品，如今称为"局外人艺术"（Outsider art）。[2]

冷战催生的政治因素加剧了美国和欧洲的分裂。马克斯·科兹洛夫（Max Kozloff）和伊娃·科克罗夫特（Eva Cockroft）先后于1973年和1974年在《艺术论坛》上各发表了一篇重要文章，分析了冷战政治和艺术的关系。有两个机构对美国艺术变成宣传武器负首要责任：纽约现代艺术博物馆和中央情报局。在小约翰·洛克菲勒夫人（Mrs John D. Rockefeller, Jr）的支持下，现代艺术博物馆于1929年落成，第一任馆长是纳尔逊·洛克菲勒（Nelson

---

[1] 贝尔纳·塞松（Bernard Ceysson），"关于五十年代：传统与现代"（A Propos des années cinqante: tradition et modernité），参见《法国艺术二十五年》（Vint-cinq ans d'art en France），贝尔纳·塞松等编，巴黎，1986，第17页。
[2] 贝尔纳·塞松，"关于五十年代"，第16—18页。

Rockefeller),洛克菲勒家族的观念形态渗透在了这个博物馆里,博物馆在二战中的政治活动都有详细记录。中央情报局在冷战中参与文化活动主要是托马斯·布雷登(Thomas W. Braden)的手笔。1948 至 1949 年,布雷登在现代艺术博物馆担任行政秘书,1950 年加入中央情报局,1951 至 1954 年间在此负责文化活动。1967 年 5 月 20 日,他在《周六晚邮报》(*Saturday Evening Post*)上发表了一篇文章,赫然以"我喜欢中央情报局摒弃道德"为题。之所以能这么说,明面上的**理论依据**在于抽象表现主义和社会现实主义的对立,前者的主要阵地是美国及其西欧盟友,后者的主要阵地是苏联及其东欧附属国。[1]

战后法国艺术圈中,现实主义的主要代表是安德烈·富热龙以及贝尔纳·比费(Bernard Buffet)和马赛尔·格罗迈尔的**悲惨主义**(misérabilisme)。现实主义与抽象主义的对立在 1948 至 1949 年的巴黎尚处于萌芽阶段,但短短 10 年间,两个流派就变得势不两立。从当时的媒体记录可以清晰地看出,评论界争论的焦点也相应发生了转变。此前的主题是形象和抽象之争,现在变成了抽象和抽象之争。一系列关于抽象的话语和理论引人瞩目,其中的优缺点成

---

[1] 马克斯·科兹洛夫,"冷战中的美国绘画"(American Painting During the Cold War),《艺术论坛》,第 9 期,1973 年 5 月,第 43—54 页;伊娃·科克罗夫特,《抽象表现主义:冷战的武器》(Abstract Expressionism: Weapon of the Cold War),《艺术论坛》,第 10 期,1974 年 6 月,第 39—41 页,参见弗兰库奇·弗朗辛纳(Francusi Francina)编,《波洛克及其之后》(*Pollock and After*),伦敦,1985,第 107—24,115—34 页。

了巴黎艺术界知识分子生活的核心话题。1957年,这一转变尤为剧烈。布朗库西的同龄人莫里斯·弗拉芒克(1876—1958)去世前一年,虽已是81岁高龄,仍然亲笔写了一封公开信,谴责形象艺术的消亡。然而,在战后艺术话语的荒野中,他已经形单影只。[1]

二战结束后,布朗库西目睹了美丽新世界的到来,而他选择置身世外,极少允许客人造访他的工作室。索尼娅·德洛奈是为数不多的客人中的一位,她和布朗库西初次见面是在1930年代,此后她定期造访布朗库西工作室。布朗库西希望把自己的家兼工作室遗赠给法国政府,这一愿望能变成现实,多亏德洛奈介绍布朗库西认识了让·卡苏(Jean Cassou)。卡苏时任巴黎现代艺术博物馆馆长。他建议布朗库西首先取得法国国籍,因为布朗库西当时仍是罗马尼亚公民,布朗库西采纳了卡苏的建议。[2]

还有两位女性访客获准进入布朗库西圣殿内部。一位是作家兼记者多拉·瓦利耶(Dora Vallier),另一位是设计师兼超现实主义画家瓦伦丁·雨果(Valentine Hugo)。两人都留下了相关文字记录。多拉·瓦利耶明白自己的访客身份多么不同寻常,因为"她知道近些年很少有人能够进

---

[1] 莫里斯·弗拉芒克,"我的遗嘱(我做了我能做的,我画了我所见的)"(Mon Testament (j'air fait ce que j'ai peint ce que j'ai vu)),《艺术景观》(Arts-Spectacles),1957年1月2—8日,第1页,巴黎蓬皮杜艺术中心国家艺术文化中心档案。
[2] 多依娜·莱姆尼,《康斯坦丁·布朗库西》,雅西,2005,第239—41页。

入这位伟大雕塑家的工作室"。瓦利耶准确记录了拜访的时间：1956年5月4日。工作室给她的第一印象是一种奇怪的、无处不在的气味：

> 我闻得出，这里有一种农民家庭特有的又苦又甜的气味。我忘记了巴黎，忘记了我前来看望的著名雕塑家。我觉得自己在偏远的乡村，在某人家中，他的生活贴近大地。我们周围的所有物件都是他亲手制作的：他的床是白木板拼成的；板凳是未加整饬的树干砍出来的；有一张矮圆桌；架子上有一台收音机，但收不到信号，还有一些蜡烛头，下面一层放着些铁丝……

这个家里住着"这个老头，胡须洁白，身上散发着先知的气息"。

> 我从未见过有人像他一样茕茕孑立，形影相吊，过着如此与世隔绝的生活，此时竟然近在咫尺。在这种属于他的气氛中，我显得不合时宜，就像我在墙角看到的旧电话一样。[1]

瓦伦丁·雨果（1897—1968）也留下了感人至深的文

---

[1] 多拉·瓦利耶，"1956年5月4日星期五，在布朗库西工作室"（Vendredi 4 Mai, 1956 chez Brancusi），参见克里斯蒂安·泽尔沃斯，《康斯坦丁·布朗库西（雕塑、油画、壁画、素描）》，巴黎，1957，第24—8页。

字记录，但与其他访客不同，她勇于和布朗库西分享自己的弱点。她用两封信介绍了自己不容乐观的身体状况，内心的孤独和经济问题。她记录了自己初次到访龙桑小巷的情景：经过几个"汽车修理厂"之后，她来到"一片废弃的庭院前"，在这里，"我发现我要找的大门就在一条乡村小路旁边，到处是树叶和小鸟"：

> 我身后 50 米处就是城市的炼狱和喧嚣，真让人难以置信。短暂等待后，门开了。不知哪里传来和谐、低沉的铃声，宣告了我的到来。迈进工作室的时候，我的心突突直跳，但又觉得十分平静。突然，一片广阔的白色空间向我袭来，光亮让我目眩，这片空间随着其中叫不出名的东西一起颤动。一个人站在我面前，这就是布朗库西，由于工作环境原因，浑身上下一片洁白，在一张巨大的手纺白布的反射下，他沐浴在阳光之中。洁白的胡须映衬出他端正的相貌。他嘴上挂着微笑，眼中的笑意更浓。我悄声说："我叫瓦伦丁·雨果，是萨蒂和拉迪盖的朋友，我来看望您，和您聊聊关于他俩的事情，我还想看看您的作品。我早就想来，但一直不敢冒昧，不过最终还是来了。"

布朗库西的雕塑也给她留下了深刻的第一印象，她用同样诗意的语言记录如下："我身边的所有事物都好像有了生命，之前在纸上看到时觉得它们僵死不动，现在它们都在颤抖，在无声地歌唱。"她看到每只白色的《雄鸡》都"升腾在空中，发出一轮轮啼鸣，浑身上下闪闪发光"，《无尽之柱》"在空中攀爬，庄严肃穆"，每只《鸟》都在空中"旋转"，"透露出无尽的优雅"。《女巫》（Sorceress）和《女像柱》都在那里，还有灰色大理石雕刻成的《大鱼》（Grand Fish）。"《王中之王》（King of Kings）魅力无穷，令我折服，放在美丽的大门旁边，把守着通往下一个工作室的道路，随后，我发现那个工作室是布朗库西吃饭休息的地方。"随着两人友谊加深，雨果觉得给布朗库西的信里写点私己的事情也不尴尬。第一封信写于1956年3月4日，事关她日渐恶化的健康状况，以及他和她的感受。第二封信写于3月7日星期三：

> 亲爱的朋友，亲爱的布朗库西，我想把亲爱的萨蒂曾经写给我的话转述给您："您太好了，您对我的好让我受之有愧"……您派信使送信给我，让我荣幸之至，恰逢两个老友和我在一起，他们几年前都曾到访您的工作室，都为您的遭遇痛心不已。

信末，她说准备下周前往拜访："我无与伦比的朋友，请您给我讲美丽的故事，给我最纯粹的快乐。"[1]

---

[1] 瓦伦丁·雨果，参见克里斯蒂安·泽尔沃斯，《康斯坦丁·布朗库西》，第100—2页。

布朗库西的身体每况愈下，人尽皆知。1953 年 10 月 23 日，《纽约时报》（*The New York Times*）刊登了一篇文章，题为"纯粹的快乐，低调的人生"，十分动情地介绍了这位年迈的雕塑家：今天，布朗库西"穿着白色睡衣，戴着黄色精灵帽"，"步履蹒跚，巡视他的工作室，悉心照料那群鱼、鸟、头像和无尽之柱，这些雕塑都出自他之手，静默无言，但他仍和它们交流"。读者们或许早已知道，或许通过这篇文章刚刚了解到，"这位老人生活简朴，上个世纪当他还是罗马尼亚的一个农村小孩时，就过着同样简朴的生活"，这并不让人意外，还让人对他心生怜悯。[1]

1957 年 3 月 16 日，布朗库西去世。他的葬礼在蒙帕纳斯墓地举行，差不多半个世纪前，他的雕塑《吻》作为墓地纪念碑安放在了这里。法国国家博物馆馆长乔治·萨勒（Georges A. Salles）在葬礼上发表了墓前演讲，饱含敬意：

> 我们再听不到抑扬顿挫的声音从你的胡须里飘出，带我们前往神话的国度，再看不到你又圆又亮的眼睛闪烁出狡黠的光芒，好像在嘲笑它们能看到而我们看不到的东西，再也不能在您的工作室受您款待，在无与伦比的羊群中见到这位荷马一样的牧羊人，我只能道一声再见……我向您道别，但您的作品仍然纯粹，耀眼夺神，直至今日仍然活灵活现，且

---

[1] 亚历山大·伊斯特拉蒂，纳塔利娅·杜米特雷斯库，《布朗库西》，巴黎，1986，第 258—9 页。

将万古长存。[1]

布朗库西将自己的作品和工作室群赠予法国,这却给国家现代艺术博物馆馆长让·卡苏带来了巨大的挑战。此后数年乃至数十年里,**为了**向公众展示,布朗库西工作室(最终拆除)和其中的作品经历了多次无功的蜕变,却因此在很长时间里无法接待观众。在建筑师伦佐·皮亚诺(Renzo Piano)的指挥下,工作室群经过彻底整修,终于在1997年有了现在的样子,得以重新开放。为庆祝这一大事件,早该问世的规模宏大的**收藏目录**在不久后出版,名为《布朗库西工作室藏品》(*La collection de l'atelier Brancusi*)。[2]

---

[1] 约内尔·日亚努,《康斯坦丁·布朗库西》,伦敦,1963,第 61 页。
[2] 《遇见布朗库西(绘画和档案)》,巴黎蓬皮杜艺术中心国家艺术文化中心展览目录,2003 年 6 月 25 日—9 月 15 日,多依娜·莱姆尼,马里耶勒·塔巴尔编。(随后,多依娜·莱姆尼用罗马尼亚语发表了一本关于这些档案的著作,《康斯坦丁·布朗库西》,雅西,2005。)
1957 年,布朗库西去世前,指定亚历山大·伊斯特拉蒂和纳塔利娅·杜米特雷斯库这两位罗马尼亚画家为自己的继承人。1947 年,杜米特雷斯库从布加勒斯特来到巴黎,在奖学金的资助下学习绘画,和布朗库西同住。1986 年,伊斯特拉蒂和杜米特雷斯库出版了一本关于布朗库西的书,时任蓬皮杜艺术中心现代艺术博物馆馆长蓬蒂斯·赫尔滕(Pontus Hulten)为此书作序。然而,该书仅仅收录了一小部分档案供研究者们参考。最近,伊斯特拉蒂和杜米特雷斯库的继承人将剩余的档案捐赠给了巴黎蓬皮杜艺术中心国家艺术文化中心,成了现在所谓的《遇见布朗库西 2001》。当时,布朗库西的大部分私人信件首次对学者们开放。《遇见布朗库西 2001》包含 97 幅素描和**大约** 6000 张资料,也是首次公开供学界参考。

精选参考文献

Adlow, Dorothy, 'Constantin Brancusi', *Drawing and Design*, II (1927)

Apollinaire, Guillaume, *Apollinaire on Art : Essays and Reviews, 1902 - 1918*, Documents of Twentieth Century Art (London, 1972)

Bengesco, Marie, 'L'Art en Roumanie', in *La Roumanie en images* (Paris, 1919)

Brancusi, Constantin, 'Aphorismes', *This Quarter*, Art Supplement (1925), pp. 236 - 7

Brezianu, Barbu, 'The Beginnings of Brancusi', *Art Journal*, xxv/1 (1965), pp. 15 - 25

——, *Brancusi in Romania* (Bucharest, 1976)

——, 'Pages inédites de la correspondance de Brancusi', *Revue Roumaine d'Histoire de l'Art*, I/1 (1964), pp. 385 - 400

——, 'Le Secret du Baiser de Brancusi', *La Revue du Louvre*, I (1969), pp. 25 - 30

Comarnescu, Petre, *Mit si metamorfoza in sculptura contemporana* (Bucharest, 1972)

——, Mircea Eliade, Ionel Jianou and Constantin Noica, *Brancusi , Introduction , Témoignages* (Paris, 1982)

Crespelle, Jean-Pierre, *La Vie quotidienne a Montparnasse a la grande époque : 1905 - 1930* (Paris, 1976)

——, *La Vie quotidienne à Montmartre au temps de Picasso, 1900 - 1930* (Paris, 1978)

Epstein, Jacob, *An Autobiography* (London, 1964)

Foster, Jeanne Robert, 'Constantin Brancusi: A Note on the Man and the Formal Perfection of his Carvings', *Vanity Fair* (May 1922), pp. 6–8

Geist, Sidney, *Brancusi: A Study of the Sculpture* (London, 1968)

Georgescu-Gorjan, Stefan, 'Coloanele infinite ale lui Brancusi' (Arhiva Brancusi), *Arta*, 8 (1977), pp. 19–21

——, 'The Genesis of the Column without End', *Revue Roumaine d'Histoire de l'Art*, 1 and 2 (1964), pp. 279–93

Giedion-Welcker, Carola, *Constantin Brancusi* (Neuchatel, 1959)

——, *Contemporary Sculpture: An Evolution in Volume and Space*, revd edn (London, 1961)

Gosling, Nigel, *Paris 1900–1914: The Miraculous Years* (London, 1978)

Green, Christopher, *Art in France, 1900–1940* (New Haven, CT, and London, 2000)

Hamnett, Nina, *Laughing Torso* (London, 1932)

Hoffman, Malvina, *Sculpture Inside and Out* (New York, 1939)

Ionescu, Adrian-Silvan, *Invatamantul artistic romanesc, 1830–1892* (Bucharest, 1999)

Istrati, Alexandre and Natalia Dumitresco, *Brancusi* (Paris, 1986)

Jianou, Ionel, *Constantin Brancusi* (London, 1963)

Jullian, Philippe, *Montmartre* (Oxford, 1977)

Kahnweiler, Daniel-Henri, 'L'Art negre et le cubisme', Présence africaine, 3 (1948), pp. 367–78

——, *Confessions esthétiques* (Paris, 1963)

Kallestrup, Shona, *Art and Design in Romania, 1866–1927* (New York, 2006)

Kirstein, Lincoln, *Elie Nadelman* (New York, 1973)

——, *The Sculpture of Elie Nadelman* (New York, 1948)

Laude, Jean, *La Peinture française (1905–1914) et 'l'art nègre' (Contribution à l'étude des sources du fauvisme et du cubisme)* (Paris, 1968)

Lemny, Doina, 'Maurice et Morice: chronique d'une amitie', *Brancusi et Duchamp*, Les Carnets de l'atelier Brancusi, Regards Historiques Brancusi et Duchamp (Paris, 2000)

——, *Constantin Brancusi* (Jassy, 2005)

Lewis, David, *Brancusi* (London, 1957)

Machedon, Luminita, and Ernie Schoffham, *Romanian Modernism: The Architecture of Bucharest, 1920 – 1940* (Cambridge, MA, 1999)

Man Ray, *Self-Portrait Man Ray* (New York, 1963)

Mann, Carol, *Modigliani* (London, 1980)

Merrill, Flora, 'Brancusi, the Sculptor of the Spirit, would Build "Infinite Column" in Park', *New York World* (3 October, 1926)

Miller, Arthur, *Einstein, Picasso: Space, Time and the Beauty that Causes Havoc* (London, 2002)

Miller, Sanda, 'Constantin Brancusi's Photographs', *Artforum* (March 1981), pp. 38 – 44

——, *Constantin Brancusi: A Survey of his Work* (Oxford, 1995)

——, 'In illo tempore, Măaiastra', *Les Carnets de l'Atelier Brancusi: La Série et l'oeuvre unique* (Paris, 2001), pp. 13 – 20

——, 'Paciurea's Chimeras', *Apollo* (October 2003), pp. 26 – 33

——, 'Reconfiguring Brancusi's Formative Years: Hobita-Craiova-Bucharest', in *Constantin Brancusi: The Essence of Things*, ed. Carmen Giménez and Matthew Gale (London, 2004), pp. 36 – 49

——, 'Brancusi's Women', *Apollo* (March 2006), pp. 59 – 63

Mocioi, Ion, *Constantin Brancusi-Viata* (Jassy, 2003)

Neagoe, Peter, *The Saint of Montparnasse* (New York, 1965)

Oprescu, George, *Peasant Art in Romania* (London, 1929)

——, *Pictura Romaneasca in secolul XIX, Biblioteca artistic, Fundatia pentru literature si arta Regele Carol II* (Bucharest, 1937)

——, *Sculptura Romaneasca* (Bucharest, 1965)

Paleolog, V. G., *Brancusi: Brancusi I* (Craiova, 1976)

——, 'Brancusi, Brancusi ii', MS. 1976

——, *Despre Eric Satie si noul muzicalism* (Bucharest, 1945)

——, *Tineretea lui Brancusi* (Bucharest, 1967)

Pandrea, Petre, *Portrete si controverse* (Bucharest, 1945)

Reid, B. L., *The Man from New York: John Quinn and his Friends*

(New York, 1968)

Rezeanu, Paul, 'Le sculpteur Constantin Balacescu (1865 - 1913)', *Historica II*, Academia de Stiinte Sociale si Politice a Republicii Socialiste Romania (Bucharest, 1971)

——, 'Sculptorul Giorgio Vasilescu (1864 - 1898)', *Historica I*, Academia de Stiinte Sociale si Politice a Republicii Socialiste Romania (Bucharest, 1970)

——, *Artele Plastice in Oltenia (1821 - 1944)* (Craiova, 1980)

Richardson, John, *A Life of Picasso*, volume I: 1881 - 1906 (London, 1992); volume II: 1907 - 1917 (New York, 1996)

Richter, Hans, *Dada: Art and Anti-Art* (London, 1965)

Shattuck, Roger, *The Banquet Years: The Origins of the Avant-Garde in France, 1885 to World War I* (New York, 1968)

Spear, Athena Tacha, *Brancusi's Birds* (New York, 1969)

Tabart Marielle and Isabelle Monod-Fontaine, *Brancusi photographe* (Paris, 1977)

Tabart Marielle, 'Histoire et fonction de l'atelier', in *La Collection l'Atelier Brancusi* (Paris, 1997), pp. 26 - 7

——, 'L'Atelier comme lieu de mémoire', in *La Collection l'Atelier Brancusi* (Paris, 1997), pp. 68 - 182

——, and Doina Lemny, *La Dation Brancusi (dessins and archives)*, exh. cat., Centre National d'Art et de Culture, Georges Pompidou, 25 June - 15 Sept 2003 (Paris, 2003)

Werner, Alfred, *Modigliani the Sculptor* (London, 1965)

Zervos, Christian, ed., *Constantin Brancusi (sculptures, peintures, fresques, dessins)* (Paris, 1957)

致谢

我对康斯坦丁·布朗库西的兴趣可以追溯到1970年代,那时我刚刚开始在伦敦考陶尔德艺术学院攻读博士学位。我在罗马尼亚出生,熟知罗马尼亚语言和文化,这让我在研究中得以融合罗马尼亚和西欧学术的差异。在此过程中,我得到了许多人的帮助、支持和鼓励,我想特别感谢两位好友:马里耶勒·塔巴尔和多依娜·莱姆尼。塔巴尔是布朗库西工作室的前任主管,一位卓越的布朗库西研究专家,她给我了巨大帮助。莱姆尼是巴黎蓬皮杜艺术中心国家艺术文化中心主任,近来也给了我无私的帮助。2001年,《遇见布朗库西2001》出版,许多材料对布朗库西研究者公开,我由此获益匪浅。2003年之前,布朗库西档案的最后一部分一直由个人保管,2003年公开展出之后,直到现在,收藏于巴黎国家艺术文化中心。这部分材料对我尤其重要。2003年一同展出的还有一份翔实的收藏目录——《遇见布朗库西》,是马里耶勒和多依娜的研究和撰写成果。这些法国档案中的材料对本书贡献很大。

我要感谢米哈伊·米哈伊洛维奇，他是我多年的合作者和好友，本身还是一位成功的摄影师。他提供了图片资料，包括19世纪罗马尼亚的珍贵历史照片，都由他从内容丰富的个人摄影集中挑选而出。

我还要感谢瑞阿克森出版社的维维安·康斯坦丁诺普洛斯（Vivian Constantinopoulos）。多亏她兴致勃勃，热心相助，把布朗库西的名字加入了著名知识分子、艺术家目录中，在"评论人生"系列图书中增加了一卷，否则这本书就不可能问世。同时，我还要感谢罗伯特·威廉姆斯（Robert Williams）在本书编辑工作中付出的努力。

本书中包含的图片资料归功于南安普敦索伦特大学的慷慨经济资助。我尤其要感谢媒体、艺术与社会学院院长罗德·皮林（Rod Pilling）教授，以及我的同事、好友、传播和媒体系主任苏珊·狄克逊（Suzanne Dixon），他们一直以来对我的工作鼎力相助。

最后，我要感谢我的女儿朱莉娅（Giulia），谢谢她的爱和支持。我将本书献给她。

著译者

作者 | 桑达·米勒 Sanda Miller

南安普敦索伦特大学研究员,马兰戈尼学院和米兰时尚学院访问学者。著有《康斯坦丁·布朗库西作品研究》《时尚写作与批评》《时尚新闻:历史、理论与实践》等。

译者 | 张磊

文学博士,浙江海洋大学外国语学院教师。

图书在版编目（CIP）数据

康斯坦丁·布朗库西 / (英)桑达·米勒著; 张磊译. -- 上海: 上海文艺出版社, 2023
（知人系列）
ISBN 978-7-5321-8465-1

Ⅰ.①康… Ⅱ.①桑… ②张… Ⅲ.①康斯坦丁·布朗库西—传记 Ⅳ.
①K835.425.72
中国版本图书馆CIP数据核字(2023)第024340号

Constantin Brancusi by Sanda Miller was first published by Reaktion Books,
London, UK, 2012, in the Critical Lives Series.
Copyright © Sanda Miller, 2012
著作权合同登记图字: 09-2020-278号

发 行 人：毕　胜
责任编辑：曹　晴
封面设计：朱云雁

书　　名：康斯坦丁·布朗库西
作　　者：[英] 桑达·米勒
译　　者：张磊
出　　版：上海世纪出版集团　上海文艺出版社
地　　址：上海市闵行区号景路159弄A座2楼　201101
发　　行：上海文艺出版社发行中心
　　　　　上海市闵行区号景路159弄A座2楼206室　201101　www.ewen.co
印　　刷：浙江中恒世纪印务有限公司
开　　本：787×1092　1/32
印　　张：5.625
插　　页：3
字　　数：84,000
印　　次：2023年3月第1版　2023年3月第1次印刷
I S B N：978-7-5321-8465-1/K.461
定　　价：39.00元
告 读 者：如发现本书有质量问题请与印刷厂质量科联系　T: 0571-88855633

I知人
cons

知人系列

爱伦·坡：有一种发烧叫活着
塞林格：艺术家逃跑了
梵高：一种力量在沸腾
卢西安·弗洛伊德：眼睛张大点
阿尔弗雷德·希区柯克：他知道得太多了
大卫·林奇：他来自异世界
汉娜·阿伦特：活在黑暗时代

弗吉尼亚·伍尔夫
伊夫·克莱因
伦纳德·伯恩斯坦
兰波
塞缪尔·贝克特
约瑟夫·博伊斯
贝托尔特·布莱希特
德里克·贾曼
康斯坦丁·布朗库西

（即将推出）

可可·香奈儿

谢尔盖·爱森斯坦

三岛由纪夫

乔治亚·欧姬芙

马拉美

索伦·克尔凯郭尔

巴勃罗·聂鲁达

赫尔曼·麦尔维尔

伊戈尔·斯特拉文斯基

托马斯·曼

维克多·雨果